『ギーター』書簡

ガンディー

森本達雄 訳

森本素世子 補訂

第三文明選書13

LETTERS ON THE “GITA”

装幀／クリエイティブ・コンセプト

『ギーター』書簡　もくじ

本文レイアウト／安藤 聡

凡例

一、本書は、M. K. Gandhi : *LETTERS ON THE "GITA"* の全訳である。底本として The Collected Works of Mahatma Gandhi, vol.49, The Publication Division, Ministry of Information and Broadcasting, Government of India, 1972 を用いた。

二、本文中の［ ］は訳者による語句の補足であり、小さな文字で記した［ ］内は訳者註である。また、（ ）は原文における補足・説明である。

三、註は(1)～(31)の追番号を付し、各章末にまとめた。(3)のみ訳註で、他は原註である。このうち訳者本人によるものは(1)～(3)であり、(4)以降は補訂者による。

四、人名・地名などは、日本人の発音、音読になじむよう、かならずしも原語の綴り字を忠実に音写したものではない。そのため、「ガーンディー」とせず、「ガンディー」と表記するなどしている。また、発言内容等を示す「 」は原文の表記法に則り、文章の途中の改行部分冒頭には、その都度「が表記される一方、末尾に閉じる」は表記されない（最末尾には表記）。

五、本書の背景となっている『バガヴァッド・ギーター』と『マハーバーラタ』については、表題註と「あとがきに代えて」も参照されたい。

『ギーター』書簡①

表題註〔原註を一部補足〕

（1）本書に収められた〔十八通の〕書簡は、ガンディーが一九三〇年から三二年にかけてプーナ〔プネ〕に隣接するヤラヴァダー中央刑務所〔西インドの中心都市ムンバイに近い〕に収監中〔この間一九三一年は、円卓会議に出席すべく訪英〕に書かれたもので、アーシュラム（修道場）の祈禱《きとう》集会で読みあげられるよう、毎週ナーランダース・ガンディー〔ガンディーの又従兄弟《またいとこ》で、アーシュラムの責任者〕宛の書簡に同封して届けられたものである。ガンディーは『ガンディー全集〔以下『全集』と略記〕』四四巻二七七頁に記されているとおり、本書第十二章をもって一連《シリーズ》の書簡の執筆を開始した。そして翌週に、『ギーター』〔『バガヴァッド・ギーター（「神の歌」の意）』で、ヒンドゥー教徒には『ギーター』の呼称でしたしまれている〕全般にわたる序論と第一章を送付した。

全集の年代順配列では、全章をひとまとめにして、シリーズ最終回のナーランダース・ガンディー宛書簡の日付、一九三二年二月十九〜二十一日のものとして扱っている。英語版は『ギーター講話』（ナーヴァジーヴァン〔新生〕社、アフマダバード、一九六〇年版）からの翻訳・再録であるが、ガンディーのグジャラート語〔西インド＝グジャラート地方の有力な地方言語の一つで、ガンディーの母語〕訳と照合してところどころ修正が加えられている。

『ギーター講話』の〔英語版〕訳者『まえがき』には、つぎのような〔興味深い〕一文がある――「ガンディージーの『ギーター』のグジャラート語訳は、一九三〇年三月十二日に出版された――この日はまさに、サーバルマティー修道場《アーシュラム》からダンディー海岸に向かって行進を開始した記念すべき日である。〔ところが〕同書を読んだアーシュラムの同志《メンバー》の一人が、内容があまりに難解にすぎると、当時ヤラヴァダー刑務所に収監されていたガンディージーに苦情を訴えた。そこでガンディージーは一連の手紙を書き、毎回一通ずつを『ギーター』の各章に当てることにしたのである」。

なお、ついでながら、一九二六年におこなわれたアーシュラムの祈禱集会でのガンディーの『ギーター』についての講話は、『全集』三二巻（九四～三七六頁）に、また一九二九年にペンをとった註釈付きの『ギーター』のグジャラート語訳は、『全集』四一巻（九〇～一三三頁）にそれぞれ収録されている。

――なお、本講話は、これら前著をもとに新しく書き改められたものである。

（訳者付記）

＊編集註　『全集』原書（版面画像およびＰＤＦ）はGandhi Heritage Portal（https://www.gandhiheritageportal.org）のTHE COLLECTED WORKS OF MAHATMA GANDHIで閲覧できる（本書は四九巻一一一～一四九頁）。また、巻数表示は異なるが（本書は五五巻）、『全集』デジタル版がGandhi Sevagram Ashram（http://www.gandhiashramsevagram.org/gandhi-literature/collected-works-of-mahatma-gandhi-volume-1-to-98.php）で閲覧できる（二〇一八年十月現在）。

第一章(2)

――一九三〇年十一月十一日
火曜日　朝

『[バガヴァッド・]ギーター』は、[民族の二大叙事詩の一つ]『マハーバーラタ』(3)の極一《ごく》部である。『マハーバーラタ』は一般には歴史書とみなされているが、わたしたち[ヒンドゥー教徒]にとっては、『マハーバーラタ』も『ラーマーヤナ』もともに歴史物語ではなく、宗教書である。また、わたしたちがそれらを歴史書と呼ぶとすれば、それは人間の魂《こころ》の物語を記したものだからである。すなわちそれらは、何千年も昔に起こった出来事を伝えるものではなく、今日もすべての人間の心に生起することを述べている。両書ともに、神と人間のうちなる悪魔――ラーマとラーヴァナの永遠の戦いを物語っている。『ギーター』はこれを、アルジュナとクリシュナの対話の形式《かたち》で伝えている。そして両者の対話を、サンジャヤが盲目の王ドリタラーシュトラに報告するといった筋書である。『ギーター』とは、字義的には「うたわれたもの〔歌〕」という意味である。その語の形容語〔歌の〕は、『ウパニシャッド』という名詞に冠せるのにはぴったりである。そしてその語の完全な意味は、「うたわれた『ウパニシャッド』」ということになろう。『ウパニシャッド』というのは〔神の〕知識を教える〔書〕という意味である。したがって『ギーター』というのは、アルジュナに説き聞かせるシュリー・クリシュナ〔「シュリー」は「福・吉祥」の意で、一般にはこれを敬称として男性名に冠せる」の教えということである。『ギーター』を読むとき、わたしたちは、シュリー・クリシュナ――すなわち神――がわたしたちの内なる聖霊として、わたしたちの心にやどっているのを感じとらなければならない。またわたしたちが、アルジュナのように知識〔真知〕を切望し、わたしたちの精神《こころ》の難問を神の御前《みまえ》に持ち出して、神の導きを求め、神に隠れ家を願うとき、かれはつねに喜んでわたしたちを教え導いてくださるのである。わたしたちは居眠りをする、しかしわたしたちの内なる主《かみ》は、つねに目覚めている。かれはただひたすら、精神的な渇望がわたしたちの心の内に目覚めるのを待っているのである。けれどもわたしたちは、どのようにしてかれに問いかければよいかを知らない。いや、そうしたいという欲求すら感じない。それゆえに、わたしたちは日ごと『ギーター』のごとき書を繙《ひもと》き、その教えについて想いをめぐらすのだ。そうすることで、わたしたちは内なる精神の渇望を目覚ましめ、どのような問題を主《かみ》に問えばよいかを知るのである。わたしたちが精神《こころ》の問題に直面するときには、つねに解決を『ギーター』に求め、『ギーター』をとおして心の平安《やすらぎ》を得る。これが、この書に向かうわたしたちの心構えである。『ギーター』は、言わば、わたしたちの師であり、母である。そしてわたしたちは、母の膝に庇護を求めれば安全だと信じなければならない。わたしたちは、わたしたちの精神《こころ》の問題のすべてを『ギーター』によって解決できるのだ。日ごと、このようにして『ギーター』の教えに深く思いをいたす者は、その勉学に新しい歓びを体験し、新しい意味を見出すだろう。おおよそ精神の問題で、『ギーター』によって解決でき得ぬことはなにひとつない。もっとも、わたしたちの不完全な信仰ゆえに、その書の読み方や理解の方法がわからないことはあるが。わたしたちは、日ごとわたしたちの信仰をいや増すことができるよう、そして油断なき信仰者となれるよう、日々の精神の勤行《つとめ》として『ギーター』を読誦するのだ。わたしは以下に、アーシュラムの修道者たち諸君の手引きになればと、その教えについてのわたしの日々の瞑想からわたしに明かされた、あるいは明らかな『ギーター』の意味について書き送ることにする。

＊

パーンダヴァ一族とカウラヴァ一族がそれぞれの軍を率いてクルクシェートラ（クルの野）の戦場に集結したとき、カウラヴァの王ドゥルヨーダナはドローナ（王の兵法の師＝軍師）に近づいて、両軍の主な戦士たちの名前を列挙した。戦闘開始の合図として、双方の側で法螺貝《ほらがい》が吹き鳴らされた。つづいて、アルジュナの御者《ぎょしゃ》［に身をやつした］シュリー・クリシュナが両軍の中間地点まで戦車を進めた。［そのとき］アルジュナの目に映った光景は、彼に戦意を失わせた。そこでアルジュナは、シュリー・クリシュナに向かって言った――「どうしてわたしは戦場でこれらの人々を攻撃できましょうや。見知らぬ無縁の者たちと戦わなければならないというのなら、まだしも戦意が湧いたかもしれませんが、ここにいるのは、わたしの親類縁者たちです。カウラヴァとパーンダヴァとは従兄弟《いとこ》どうしです。わたしたちはいっしょに育った間柄です。ドローナは、カウラヴァ一族の師であるとともに、わたしたちの師でもあります。ビーシュマは両族にとって尊敬すべき長老です。どうしてわたしは、彼に向かって弓を引くなどできましょうや。カウラヴァ一族が悪党であり、悪行をおこなう者たちであることはたしかです。彼らはパーンダヴァ一族を欺《あざむ》き、土地《くに》を奪いました。彼らは徳高いドラウパディーを侮辱しました。とは言え、彼らを殺《あや》めたとて、なんの益がありましょうや。

彼らはたしかに悪党たちです。かと言って、わたしも彼らと同じ愚か者であってよいのでしょうか。わたしにはなにがしかの分別があります。わたしは善悪を識別することができます。したがってわたしは、縁者を敵にまわして戦うのは罪であることくらいはわかっています。彼らが王国内のパーンダヴァ一族の分け前を不当に所有したとしても、わたしは気にしません。たとえ彼らがわたしたちを殺そうとも、そんなことは気になりません。それにしてもわたしたちは、どうして彼らに向かって手を振りあげようとしているのでしょうか。おお、クリシュナよ、わたしは肉親と戦おうとは思いません。」

こう言ってアルジュナは、悲嘆にくれながら、戦車の台座に坐りこんだ。

ここで「アルジュナの苦悩」と呼ばれる第一章が終わっている。わたしたちのだれもが、アルジュナと同じ苦悩をいだいているはずである。わたしたちの心の内に、なにか満たされぬ思いや、真理を知りたいという願望がなければ、知識［真知］を得ることは不可能である。もし人が何が悪で、何が善であるかを知りたいと思わなければ、その人にとって宗教はなんの益になろう。［物語の］クルクシェートラの戦場は、アルジュナとクリシュナの対話の場を提供するだけである。［しかし］ほんとうのクルクシェートラは人間の心の内にこそある。そして、わたしたちがそれ［人間の心］を神の住処《すみか》とみなし、かれをそこに招じ入れて離さなければ、心はまた、ダルマシェートラ（正義・理法の戦場）となる。日ごと、なんらかの戦闘《たたかい》が、この戦場で戦われているのである。そうした戦いのほとんどは、「わたしのもの」と「おまえのもの」との、身内のものと他者のものとの分けへだてから生じるのである。したがって後段で述べるように、主《かみ》はアルジュナにラーガ（rāga［愛《あい》執《しゅう》］）とドヴェシャ（dveṣa［憎悪・反感］）が罪の根元にあることを説く。わたしが人や物を「わたしのもの」とみなすときには、愛執がわたしの心をとらえる。また、わたしが人を他者《よそもの》とみなすとき、嫌悪や憎悪が心に入ってくる。それゆえにわたしたちは、「わたしのもの」と「おまえのもの」という分けへだてを忘れなければならない。すなわちわたしたちは、好悪の念を捨て去らなければならない。これこそが『ギーター』の、また他のすべての教典の教えである。これを口にするのと実践するのとは、まったく別の問題《こと》である。『ギーター』は、それを実践する方法《みち》をわたしたちに教えてくれる。それゆえわたしたちは、『ギーター』が奨励する方法を理解すべく努めよう。

(2) 本章は、一九三〇年十一月十一日付の「ナーランダース宛書簡」(『全集』四四巻二九三〜二九五頁所収)に同封された。

(3) 古代インドの二大叙事詩『マハーバーラタ』と『ラーマーヤナ』は、その膨大なこと、中村元博士の『ヒンドゥー教と叙事詩』(『中村元選集』第三〇巻、一九九六年)によると、『マハーバーラタ』一つをとってみても、ギリシアの有名な二大叙事詩『イーリアス』『オデュッセイア』を合わせたものの七倍もあるとのことである。その内容は、そもそも当初は、古代バーラタ王国を支配していたクル族の同族間の戦争を主題《テーマ》としたいわゆる歴史物語であったが、その後長い歳月を経るうちに、多くの神話、伝説・伝承、説話や、哲学的・道徳的思弁が採《と》り入れられ、西暦二〇〇年ごろには、ほぼ今日の叙事詩の形をなし、完成は五世紀ごろとされている。

こうして時代とともに書き加えられていった『マハーバーラタ』は、テーマも歴史的記録から、人間の問題万般、精神の探究へと発展していった。そしてそこには、ガンディーが「ヒンドゥー教最高の聖典」と呼んだ『バガヴァッド・ギーター』[ガンディーがこの書を、たんなる歴史書としてではなく、宗教書として愛読したことは、本書の随所に明らかである]をはじめ、インド古典文学書として知られる『サーヴィトリー物語』『ナラ王物語』『リシュヤシュリンガ[一角仙人]

物語』など、数多くの独立した作品が収められており、さながら古代インドの百科辞典の観がある。作者は「ヴィヤーサ仙」と伝えられるが、「ヴィヤーサ」とは「編纂者《へんさん》」の意であり、年代的にも一人の作者の筆になるとは考えられない。

ついでながら、『ラーマーヤナ』についても付言しておく――『ラーマーヤナ』は、発生・成立ともに、『マハーバーラタ』よりも古く、原形は三世紀ごろに成立したとされている。作者は「インド最初の詩仙」とされるヴァールミーキと伝えられているが、おそらく彼は物語の最終編者ではないかと考えられる。物語の大筋は、コーサラ国の王子ラーマが、最愛の妻シーターを魔王ラーヴァナに誘拐され、南の島ランカー島（今日のシュリーランカ島と伝えられている）に幽閉されていることをつきとめ、ハヌマットという猿王の大軍に助けられ［このためインドでは、今日も猿は神の使者とされている］、激闘の末、無事、愛妃シーターの救出に成功し、王位につくという、単純明快な、民衆に愛される物語である。文体は『マハーバーラタ』にくらべ、はるかに詩的に洗練されているという。そのために、『ラーマーヤナ』は古典サンスクリット文学の鑑《かがみ》［源流］

として、後世に大きな影響を与え、数多くの文学作品を生んだ。物語の主人公ラーマは、やがてヒンドゥー教の主神の一つ、ヴィシュヌ神＝クリシュナ神と同一視され、ひろく民衆の信仰の対象となった。さらに物語が周辺のアジアの国々に与えた宗教的・文化的影響は大きく、ジャワ島をはじめ、タイ、カンボジア、マレーの諸寺院に見る浮彫り《レリーフ》や影絵、仮面劇などをとおして、今日も民衆に愛好されている。

なお、ガンディーは日ごろから『バガヴァッド・ギーター』を、人生と信仰の支えとして愛誦・研究し、また、幼少時代から自宗ヴァイシュナヴァ宗の信仰するラーマ神をとおして「神」を崇敬した。一九四八年、暗殺者の凶弾に斃《たお》れたときにも、彼は「ヘー・ラーマ（おお、神よ）」と、神の名を唱えながら膝から崩れ落ちたという。

第二章（4）

一九三〇年十一月十七日
月曜日　朝

アルジュナがいくらか我《われ》をとりもどしたとき、御者なる主《かみ》は、叱責して言った――「どうしてそなたは、そのような迷妄に見舞われたのか。迷いはそなたのような武人にはふさわしくない」と。しかし、それでもなおアルジュナは彼の最初の立場に固執し、戦うことを拒否して言った――「戦いに勝利するために、長老や肉親を殺さなければならないというのであれば、わたしは地上の王国《くに》ばかりか、天上の王国の歓びすら望みません。わたしの心は闇のなかを手探りしているのです。わたしは自分の義務《つとめ》［ダルマ］がどこにあるのかわかりません。わたしはこの身をあなたの手中に托《たく》します。どうかわたしをお導きください。」

アルジュナが逡巡《しゅんじゅん》し、なお知識を切望しているのを見てとり、クリシュナは彼を憐《あわ》れと思い、ことの理を説きつづけた――「そなたは悲嘆する必要のないことを嘆いている。そなたはわかってもいない知恵について語る。そなたは明らかに、肉体と、肉体にやどる魂の違いを忘れている。魂は滅びる［死ぬ］ことはないが、肉体は少年期、青年期、老年期を経て、やがて滅びてゆく。肉体は生まれ変わるが、魂は生まれることもなければ変化することもない。魂は［過去に］存在したし、現在《いま》も存在し、未来も存在するだろう。それならば、そなたは誰のために嘆き悲しむのか。そなたの悲しみは迷いから生じているだけである。そなたはカウラヴァたちを自分自身のごとくにみなせば、彼らの肉体もやがては果てることに気づく。そして、それらの肉体にやどる魂については、なんぴともそれらを滅ぼすことはできない。魂は武器によって傷つけられることも、火によって焼かれることも、風によって干されることも、はたまた水に濡らされることもない。それではもういちど、軍隊に号令する武人としての義務の立場から、このことを考えてみるがよい。もしそなたがこの正義の戦争をおこなうことを拒否するなら、結果は、そなたが期待しているものとは正反対になるだろう。そしてそなたは物笑いの種になるだろう。そなたはこれまで、いつも勇者の誉れを享《う》けてきた。しかしいま、そなたが戦闘《たたかい》から離脱するなら、そなたは恐怖のために逃げ出したと思われるだろう。危機に臨んで退却することが、そなたの義務の一部分であるときは、不名誉など問題ではない。しかし、そなたがいま［戦いもせずに」戦闘から身を退くなら、そなたは義務を果たさなかったことになるだろう。そして人びとから、そなたの逃亡を非難されても返す言葉はないだろう。

「以上わたしは、物事の理《ことわり》を温《たず》ね、肉体と魂の違いを明らかにし、戦人としてのそなたの義務を思い出させようとした。それではここで、カルマヨーガ（行為の方法《みち》）について説明しよう。カルマヨーガの実践者は、けっして害されない。それは理論を研ぎ澄ますこととは無関係である。それは、行為や経験に置き換えられるべき問題である。たとえわずかであっても実践は、山のごとき議論よりも有益である。そしてこのような実践はまた、その結果を慮《おもんぱか》ることで損なわれてはならない。字義にとらわれる人たちは、『ヴェーダ』の祭儀を物質的な果報を得ることに向ける。もし祭祀が期待どおりの功《く》徳《どく》を産まなければ、彼らはもういちど祭祀をとりおこなう。それでも思いどおりにいかない場合は、三度目の儀式に訴える。このようにして彼らは、完全な心理的混乱に陥る。実際には、わたしたちは行為の報酬をいささかも慮ることなく、わたしたちの義務を遂行しなければならない。戦うことこそが、そなたがいま遂行すべき義務である。損得や勝敗は、そなたの力のおよばぬところである。なにゆえそなたは、そのようなものについて思い悩むという無益な重荷を持ち運ぶのか。それはちょうど荷車の下を歩きながら、車を牽《ひ》いているのは雄牛《うし》ではなく、自分だと思い違いをしている犬に似ている。勝利と敗北、暑さ寒さ、喜びと苦痛は、かわるがわる人間を襲うものであり、人はそれらに耐えなければならない。人は行為の結果にくよくよせず、心を平静にして義務の遂行に献身しなければならない。これが「カルマ」ヨーガ、すなわち行為の業《わざ》である。行為の成功は、ただひたすらそれをおこなうことにこそあるのであって、結果のいかんを問わず、成果にあるのではない。それゆえに心を平静にして、結果をかえりみることなく、そなたの義務を果たすがよい。」

これらの言葉のすべてを聞き終えて、アルジュナは言った――「あなたがわたしのためにお示しくださった行為の道は、わたしの能力《ちから》に余るように思えます。勝敗を心にかけず、結果について思いをめぐらさず、と申されましても、どのようにして人はそのような心の平静と精神の不動の高みの域に到達できるのでしょうか。そのような高みに到達した人は、どのような行動をするのでしょうか。わたしたちはその人をどのようにして認識すればよいのでしょうか。」

主は答えた――「おお、王よ。心を悩ませるいっさいの渇望を放擲《ほうてき》し、自己の内から満足感を追い払う人は『精神の安定した人（sthitaprajña〔智慧を確立した人〕または samādhistha〔瞑想に専念する人〕）』と呼ばれる。その人は苦難にも乱されず、幸福感を渇望することもない。苦楽は五感をとおして感じられるものである。それゆえ賢者は、亀が手足をひっこめるように、感覚の対象から五感をひっこめる。亀は危険を察知するとき、甲羅《こうら》のなかに閉じこもる。ところが人間のばあい、感覚の対象はつねにすべての感覚に攻撃をしかけてくる。したがって、わたしたちはつねに感覚をひっこめていなければならない。そして感覚の対象と闘う覚悟をしなければならない。これこそが真《まこと》の闘いである。ある人びとは、感覚の対象にたいする防御の武器として、禁欲［苦行］や断食《だんじき》に訴える。こうした方法の有効性は限られている。［たしかに］感覚は、人が断食をおこなっているあいだは、対象にふりまわされることはない。しかし断食をするだけで感覚の嗜好《しこう》［欲望］に打ち勝つことにはならない。それればかりか、人が断食を終了するとき、嗜好はいや増す。そして人は、神の恩恵によってのみ、それを取り去ることができるのだ。これにたいして、感覚の力はあまりにも大きいので、片時も怠らず用心していなければ、力ずくで感覚に引きずり込まれる。したがって人は、つねに感覚を抑制していなければならない。この目的は、人が目を内面《うち》に向け、己《おの》が心にやどる神を実感し、神に献身するときにのみ到達できる。このようにわたし〔クリシュナ神〕を目標と思い定め、感覚を制御し、己《おの》がすべてをわたしにまかせる人こそが、心の安定したヨーギー〔ヨーガ行者〕である。

「他方、人は自己の感覚の主《あるじ》にならなければ、つねに感覚の対象に心を奪われ、他のことはなにも考えられないほど、対象に執着する。この執着心から欲心が生じる。そして欲望が満たされないと、人は腹を立てる。怒りはほとんど人を狂気にする。彼は自分が何をしているのかさえわからなくなる。こうして彼は記憶に混乱を来し、異常な行動をとり、果ては恥ずべき結末に至る。感覚が勝手気ままに押し流されるとき、その人は嵐に流され、岩に当たってばらばらに破滅する舵のない船のごときである。それゆえに、人びとはいっさいの欲望を捨てて、望ましからぬ行為に耽《ふけ》ることのないよう、感官を抑制していなければならない。そのとき、目は真っ直ぐ前方を見、しかも聖なる対象にのみ向けられ、耳は神の讃歌《ほめうた》と、「人びとの」苦痛の叫びのみを聞き、四肢《しし》は奉仕活動に従事する。まことに、すべての感覚と行動の器官は、人が義務を果たし、神の恩寵《おんちょう》を受けるにふさわしい受け皿となるために用いられるだろう。そして、ひとたび神の恩寵が彼に来たれば、彼の悲嘆のすべては終わる。神の恵みが彼の上にかがやくとき、雪が陽光に融けるように、いっさいの苦痛は消滅し、彼は『精神《こころ》の安定した人』と呼ばれる。

「しかし、心が寂静《じゃくじょう》に至らなければ、どうして人は正しい思念をいだくことができようか。また、正しい思念なくしては、「心の」平静は得られず、平静なくしては幸福《よろこび》もない。心の安定した人は、陽光のように物事をはっきりと見る。［これにたいして］世間の喧噪《けんそう》にかきみだされる心の安定しない人は、盲人《めしい》と同じである。他方、世間知にたけた者の目に清く見えるものが、心の安定した人の目には不浄な物に見え、不快感を買う。川はたえまなく海に流れ込むが、海は不動である。同様に、すべての感官の対象はヨーギーにも押し寄せるが、彼はつねに大海のごとくに穏《おだ》やかである。このようにして、いっさいの欲望を捨て去る人は、誇りや利己心から解き放たれ、我執にとらわれずに行動し、寂静を見出す。これこそが、完全な神の人《ひと》の境地である。このような境涯に至った人は、いまわのきわにあってもブラフマンの祝福を受ける。」

(4) 本章は、一九三〇年十一月十三日／十七日付の「ナーランダース宛書簡」（『全集』四四巻三一七〜三二二頁所収）に同封された。

第三章⑸

――一九三〇年十一月二十四日
月曜日　朝

　こうして精神の安定した人（sthitaprajña）とはいかなる人であるかを語ったとき、クリシュナは自分からは行為の必要についてなにも言及しなかったため、アルジュナはそのような境涯に到達するためには、ただ座してさえいればよいのではないかとの印象を受けた。そこで彼はクリシュナに問うた――「あなたは、知識は行為にまさると考えておられるようです。それならば、なぜあなたは、わたしにこのような［同族戦争という］酷《むご》い行動を促して、心をかき乱すのでしょうか。わたしの幸福はどこにあるのか、はっきり教えてください」と。

クリシュナは答えた――「おお、無垢《むく》なアルジュナよ、古来、求道者たちは二種の異なる道のどちらか一つをとってきた。これら二つの道の一つでは、知識が褒《ほ》められ、他では行為がよしとされた。しかしそなたは、行為なくしては、行為からの脱却は得られないし、知識はただ行為することをやめたからといって得られるものでないことに気づくであろう。人はすべてを放擲《ほうてき》するだけでは完全にはなれない。わたしたちのだれもが、つねになにかをおこなっているのは知ってのとおりだ。わたしたちの本性そのものがわたしたちを行為へと駆りたてるのだ。これは自然の理法である。したがって、腕組みをして、ただ感官の対象を想起しつつ座している人は愚者であり、似非《えせ》行者と呼ばれる。このような愚かな無為に耽《ふけ》るくらいなら、感官を制御し、好悪を超え、不平不満を口にせず、執着心をもたず、なんらかの行為に専念する人のほうがまだしもましではなかろうか。感官を制御しつつ、そなたに与えられた義務を果たしなさい。なぜならそのほうが無為よりは優れているからだ。怠け者は己《おの》が怠惰ゆえに早晩身を滅ぼすことだろう。とは言っても、行為するあいだは、犠牲の精神でそれをおこなわなければ、行為は束縛に通じることを忘れてはならない。犠牲（yajña［祭祀］）とは、他人の福利のために尽力することを意味する。ひとことで言えば、奉仕である。奉仕がひたすら奉仕のためにのみおこなわれるところでは、執着や好悪の入りこむ余地はない。犠牲をこのようにおこないなさい。こうした奉仕に献身しなさい。ブラフマー［梵天＝造物主］が世界を創造したとき、かれは世界とともに、いわば犠牲［祭祀］をも創造して人類に告げた――『世に進み出て、互いに仕え、共々に繁栄しなさい。すべての生類を神々とみなしなさい。これらの神々［生類］に奉仕し、和をはかりなさい。喜ぶことで、神々はそなたに好意をいだき、求めずしてそなたの願いをかなえてくれよう』と。したがって、人びとに奉仕せず、また人びとの分け前をまっさきに彼らにさし出さず、大地の果実《みのり》を享受する者は、みな盗人と思うがよい。そして、すべての生類に彼らの分け前を与えたのちに、それを享受する人は、その喜びを享《う》けるに値し、罪悪から解放される。これにたいして、己のためにだけ働く者は罪人であり、罪の果実を食らう。すべての生類は食物によって支えられ、食物の生産は雨によって産み出される。そして雨は、ヤジュニャ（yajña［祭祀］）、言いかえると、すべての生類の労働《はたらき》によって天から降ってくる。それが自然の法《のり》である。生類の存在せぬところには雨はなく、生類の存在するところに、雨が生じる。万物は働くことによって生きる。なにものも怠惰のままでは生きることはできない。そしてこのことが、下等な生命について言えるなら、いわんや人間においておや、である。行為はブラフマー［造物主］にその起源を発し、ブラフマーは不滅のブラフマン［宇宙の根本原理＝梵］より生じる。それゆえ不滅のブラフマンは、あらゆる種類の犠牲や奉仕［の行為］のうちに存在する。そして、この相互的な奉仕の連鎖を破る者は、だれもみな罪人であり、虚《むな》しく生きる。

火曜日　朝

「人が心の平安と充足を味わうとき、彼にはもはやなすべきことはない、と言えるかもしれない。彼は行動することによっても、またしないことによっても得ることはない。彼は行動することに個人的な関心をいだかない。それでもなお、彼は犠牲をおこなうことをやめてはならない。それゆえ好悪を云《うん》云《ぬん》せず、執着心をいだかず、日々そなたの義務を遂行せよ。このような精神《こころ》で行為する人は、神の示現《じげん》を見ることができるのだ。さらにまた、ジャナカのような私心なき王ですら、片時も休まず人民のために働きつづけて完成に至ったというのであれば、どうしてそなたは彼《か》の王と異なる方法《みち》で行為してよいだろうか。貴《たっと》い人がおこなうことはなんであれ、人びとは模倣《まね》る。たとえば、わたし自身を例にとってみよう。わたしには行為によって得るものはなにもない。それでもなお、わたしは已《や》むことなく行為に従事する。したがって人びともまた、多かれ少なかれ、働きつづけることが肝要だ。もしわたしが行為をなさなければ、どういうことが起こるだろうか。太陽や月や星々が運行するのをやめたなら、世界は滅びるであろう。天体を運行させ、それらの活動を規則正しくなさしめているのは、このわたしなのだ。しかし、わたしの態度と一般人の態度とのあいだには相違がある。わたしは完全に無執着の心をもって行為するが、凡人たちは心に執着をいだき、己の利益のために行為する。もしそなたのような賢者が行為するのをやめたなら、他の者たちもまた同じことをするだろうし、彼らの心は落ち着くことはないだろう。それゆえに、執着心をいだかず、義務を遂行しなさい——他の人びとが行為するのをやめることなく、徐々にではあっても、執着心をもたずに行為することを学べるように。人は、己自身の本性に従い、それと似合ったように行為しなければならない。自分ひとりが行為者だと考えるのは、愚者だけである。呼吸《いき》をするのは人間の本性の一部分である。昆虫《むし》が目を動かして見定めるとき、瞼《まぶた》はひとりでに動く。そしてだれも『私は空気を吸っている』とか『私は瞼を動かしている』などとは言わない。同様に、すべての人間の行為は、どうしてそれぞれの本性にしたがって「自然に」おこなわれてはならないのだろうか。どうして人間の行為には我執《がしゅう》［自我意識］がつきまとうのだろう。人がこのように、自然に、我執なく行為できるための採《と》るべき最上の方法《みち》は、すべての行為をわたしに献《ささ》げ、わたしの手中のたんなる道具となって、我執なく行動することである。このように、人が我執を超えるとき、彼の行為のすべてが自然なものとなり、堕落から解き放たれ、種々の苦悩からも免れる。そのとき、行為は人を束縛する力ではなくなる。行為は自然なものであるため、自然に逆らって無為をきめこむことこそ、まさに完全な利己主義である。このような利己主義の犠牲者は、傍目《はため》には行動していないように見えるが、心はつねになにかを得ようとたくらんでいるのだ。このことは、表面的な活動よりも始末が悪い。そして、ますます自己束縛を大きくする。「実のところ、感官はそれぞれの対象にたいして愛着と嫌悪を感じる。たとえば、耳は「自分に都合のよい」あることを聞くのを好むが、「都合の悪い」他のことは聞きたがらない。鼻は薔薇《ばら》の香りをかぐことは好きだが、汚物の臭いをかぐのをいやがる。同じことは他の感官についても言える。したがって、人がしなければならないことは、これらの二つの盗賊たち、すなわち愛着と嫌悪のいずれにも支配されないことである。もしそれらの誘惑から逃れたいと思うなら、人は行為を求めてうろうろしてはならない。今日はこれを、明日はあれを、そして明後日はまた他のものをと、心移りをしてはならない。彼は、神のために彼に分かたれる奉仕をなすべく、待ち受けていなければならない。そうすれば、彼はなにをなそうとも、実際には、それは自分自身の行為ではなく、神のはたらきをなしているのだとの感情《おもい》を心に養うようになるだろう。そのとき、彼の利己主義は過去のものとなるだろう。これこそはスヴァダルマ（svadharma［自分自身の義務］）である。人はスヴァダルマに固執しなければならない、なぜならば、とにもかくにも、それはその人自身にとって最上のものだからである。パラダルマ（paradharma〔他人の義務〕）のほうがすぐれて見えるかもしれない。しかしそう見えても、それは危険と見なされなければならない。モクシャ（mokṣa〔解脱〕）とは、自己の義務を果たしつつ、死を抱擁することである。」

クリシュナが好悪から解き放たれた人の行為こそ犠牲であると言ったとき、アルジュナはたずねた――「人に罪を犯させるのは何でしょうか。しばしば、人は己の意思に反して、あたかも外部《そと》からのある力によって罪へと駆り立てられるように思われますが」と。

クリシュナは答えて言った――「この場合の奴隷監視人はカーマ（kāma〔欲望・愛欲〕）とクロダー（krodha〔怒り〕）である。これら二つは血を分けた兄弟のようなものだ。欲望が満たされなければ、当然の結果として怒りが生じる。欲望と怒りの意のままになる者は、ラジョグナ（rajoguṇa〔激質《ラジャス》と呼ばれる要素《グナ》から生じたもの〕）にそそられているといわれる。それらは人間の最大の敵であり、この敵にたいして、人は昼夜を問わず闘わなければならない。埃《ほこり》が鏡を覆い、煙が火を息づまらせ、子宮が胎児を包むがごとくに、怒りは知識から光沢を奪い、知識を窒息させる。そして欲望は、火のように貪欲で、人の感官や心や知性を所有し、人を叩きのめす。それゆえに、そなたはまっさきにそなたの感官を制御し、心を支配しなさい。そなたがこれをなすとき、知性もまたそなたの命に従うだろう。なぜなら、感官と心〔意〕と知性〔理性〕のなかでは、心は感官にまさり、知性は心にまさりはするが、魂はすべてのなかでいちばんすぐれているからである。人間は自分自身の力、すなわち魂の力に気づいていない。感官や心や知性は思いどおりにならないと考えられがちである。しかし、ひとたび魂の力に確信をもつとき、他のものはすべて、言わずもがなのことではあるが、容易になる。そして、欲望と怒り、その他無数の感情は、感官と心と知性を制御した人には、もはやなんらの脅威でもない。」

（追記）わたしは本章を『ギーター』理解への鍵と呼ぶ。本章の要諦は、生命《いのち》は快楽のためではなく、奉仕のためにわたしたちに与えられているということである。それゆえわたしたちは、わたしたちの生命に犠牲的な性格を賦与《ふよ》しなければならない。この提言への知的同意は、第一段階にすぎない。この同意による行動のためには、わたしたちの心から追々に不純なものを除去していかなければならない。しかし、真《まこと》の奉仕とは何か。この問題にたいする正しい回答を得るためには、感官の制御が肝要である。なぜならそれは、わたしたちに真理という神をいっそうはっきりと見せてくれるからである。利己的な動機でなされる奉仕は、犠牲ではない。ここにおいて、無私の精神が急務となる。このことが納得できれば、あらゆる論議はわたしたちにとって意味をなさなくなる。「クリシュナはほんとうにアルジュナに親類縁者を殺せと命じたのだろうか。このような殺人行為がつねに人の義務の一部になるのだろうか。」こうした疑問は、永久に問われなくなる。無私がわたしたちの行為を支配するとき、敵を打ちのめそうと振り上げた武器ですら、わたしたちの手からすり抜ける。とは言っても、ただ無私のふりをするだけでは、なんの役にも立たない。わたしたちが辛抱強く努力してさえいれば、無私のほうから、たぶん最初の日に——あるいは千年後になるかもしれないが——わたしたちを訪れるかもしれない。わたしたちは、そのために要する時間のことなど、思い悩んではならない。なぜなら努力は、それ自身のうちに成功の種をやどしているからである。ともかく、わたしたちはゆめゆめ気を弛《ゆる》めてはならない。そして、それこそが純粋な努力であることを、そこには自己欺瞞《ぎまん》の入りこむ隙《すき》がないことをたしかめなければならない。このことは、たしかにわたしたち〔アーシュラム

＝修道場」の全員にとって可能である。(6)

(5) 本章は、一九三〇年十一月二十一日／二十五日付の「ナーランダース宛書簡」（『全集』四四巻三三六～三四一頁所収）に同封された。

(6) この追記は、『全集』四四巻三三九～三四〇頁にも所収。

第四章⑺

（一九三〇年十二月一日）
月曜日　朝

主《かみ》は、続けてアルジュナに告げた——「わたしがそなたに勧める無私の行為のヨーガは、古《いにしえ》からの真理である。わたしはなにも目新しい教義《おしえ》を説いているのではない。そなたはわたしの信愛なる友だから、そなたの心の葛藤を癒すため、その教えをそなたに明らかにしているのだ。善《ダルマ》［美徳・正法］が弱まり、悪《アダルマ》［不徳・非法］が増大するときはいつも、わたしは自らを顕《あらわ》し、善人を保護《まも》り、悪人を滅ぼすのだ。わたしのこの不可思議な力（māyā［マーヤー］）を知る者は、悪はかならず滅ぶと確信する。わたしはつねに善者の味方である。善者はけっして真っ直ぐな狭い道から逸《そ》れることなく、最終的にわたしのもとに辿り着く。なぜなら彼はわたしに専念し、わたしの庇護のもとに身をおき、激情や怒りから解放され、苦行と智慧によって浄化されるからである。人は種を播《ま》き、播いたものを収穫する。いかなる人も、わたしが定めた法則の運行から逃れることはできない。わたしは四つの種姓《ヴァルナ》（いわゆる階級制度《カースト》ではない）を、職分と行為の異なる分担によって設定した。とは言っても、わたしはそれらの作者ではない。なぜならわたしは、行為の結果を願望せず、そこから生じる損得・優劣とは関係がないからである。この聖なるマーヤー（行為の過程）は知っておく価値がある。この世界に行き渡るすべての行為は、聖なる法《のり》に従うが、それでいて神は法に穢《けが》される［左右される」ことはない。したがって、神は作者であって、［しかも］作者ではない。このように、行為とその果実を求めることで穢されず、執着心をいだかずに物事をなし行為する人は、かならずや救われる。行為《カルマン》のうちに彼は無為《アカルマン》を見る。そして彼は、ただちに何が悪であるかを悟る。誤れる行為とは、すべて欲望に触発されるものであり、欲望なしにはなされない。たとえば、盗みや姦淫《かんいん》などなどがそれである。こうした行為は、とうてい無私の精神《こころ》ではなしえない。したがって、欲望をいだかず、行為の果実［果報］を企《たくら》まず、ごくごく手近なところにある義務を果たす人たちは、『ジニャーナ（jñāna［智慧・知識］）の火で自らの行為を焼いた人』と呼ばれる。このようにして、行為の果実への執着を捨てた人は、つねに充足し、つねに自立している。彼は心を制御し、いっさいの所有物を捨て去る。彼の行為は、健康な人の身体機能のように自然である。その人は、自分自身で行為しているのだというすべての誇りからも、意識からも解き放たれている。彼は、自分は聖なる意思の道具にすぎないという自覚をいだいている。成功しようが失敗に終わろうが、そんなことはどうでもよいではないか。彼は人におだてられて得意になることも、他の人にけなされて自信を失うこともない。彼のすべての働きはヤジュニャ（yajña 犠牲）、すなわち世界への奉仕である。彼は彼のすべての行為において神を想い［専心し］、ついには神に至る。

「犠牲にはさまざまな形があるが、その根元にあるのは、浄化と奉仕である。たとえば、感官の抑制や、慈善、自己浄化のために訓練するプラーナーヤーマ（prāṇāyāma［ヨーガにおける調息法］）など。これらの知識は、謙譲と熱意と奉仕をとおして、グル（guru［尊師］）から習得できる。もしだれかが、ヤジュニャ（yajña［犠牲・祭祀］）のなんたるかをまったく理解せず、自分勝手にヤジュニャだと考えるさまざまな行為に耽《ふけ》るなら、彼は自らにたいしてばかりではなく、世の人びとにも害をなすことになる。したがってすべての行為は、［正しい］知識をもっておこなわれることが肝要である。この場合のジニャーナ（jñāna［知識］）は、たんに書物から学ぶものではない。このことには、疑いをはさむ余地はない。それは信仰をもって始まり、経験とともに已《や》む。それによって人は、万物をすべて自我《アートマン》のうちに見、自己を神のうちに見ることができるのだ――万物が、実際には神によって知らしめられることがわかるように。このような知識は、罪人《つみびと》のなかの最悪人をも救済させる。それは行為の結果に左右されることのないよう、行為の束縛から求道者を解き放つ。この世には、この知識ほど聖《とうと》いものはほかにない。それゆえに、神への信仰に心をみたし、感官を制御して、知識を得ようと努めるべし――全《まった》き心の寂静を享受できるように。」

〔追記〕第三章、第四章ならびに次の第五章は、まとめて読まなければならない。これらの章は読む者に、無私の行為（anāsakti〔煩悩にけがされない人〕）のヨーガとは何か、それを実践する方法とは何かを説き明かしている。これら三章が正しく理解できれば、読者は容易に以下の章に向かうことができよう。他の章は、無私の行為を成就するための方法や手段を詳しく説くものである。わたしたちは『ギーター』をこの視点から学ばなければならない。そして、わたしたちがこのように研鑽を続ければ、日々直面する問題の解決はさほどむずかしくはないだろう。これには、毎日の実践が肝要である。すべての人たちに実践を試みさせようではないか。たとえば、人が怒れば、忿怒《ふんぬ》についての〔『ギーター』の〕一節を思い出させ、敵〔忿怒〕を制御させようではないか。またわたしたちがある人を心から憎んだり、苛立ったり、貪欲になったり、また、なにかなさねばならぬことや、してはならないことに疑念が生じるとき、この書を信じて、たゆみない研鑽を続ければ、そうしたすべての問題は「母なるギーター」の助けによって解決することができよう。この一連の書簡とともに日々『ギーター』を読誦することは、この目的にかなう方法の一つである。(8)

(7) 本章は、一九三〇年十一月二十七日／十二月三日付の「ナーランダース宛書簡」（『全集』四四巻三五三～三五五頁所収）に同封された。

(8) この追記は、『全集』四四巻三五五頁にも所収。

第五章(9)

——一九三〇年十二月九日

アルジュナは言った——「あなたは、行為など不要だとわたしが考えるに至るところまで知識を激賞されました。ところが、あなたはまた行為をも称讃し、無私の行為こそなす価値があると、わたしに思わせました。これら二つのいずれがすぐれているかをはっきり教えてくださされば、わたしは得心するでしょう。」

主《かみ》〔聖バガヴァッド＝クリシュナ神〕は告げた——「サンニャーサ（saṃnyāsa

［放擲《ほうてき》］）は知識の場合を意味し、カルマヨーガ（karmayoga［行為＝聖業の実践］）は無私なる行為を意味する。そのいずれもが立派であるが、ヨーガすなわち無私の行為のほうが、よりすぐれていると言わざるをえない。だれをも、またなにものをも憎まず、なにものをも切望せず、暑さと寒さ、喜びと苦痛など相対するものから解き放たれた人は、行為の実践者であろうとなかろうと、サンニャーシン（saṃnyāsin 賢者、字義的には世俗を捨てた人）である。彼は易々《やすやす》と自分を繋《つな》いでいる鎖を断ち切る。愚者は智慧［サーンキヤ＝理論］と行為［ヨーガの実践］を別個に説くが、賢者はそうはしない。いずれの成果も同じである。両者ともに同一の目標に至り着く。それゆえ、それらを一つのものとして見る人は、真《まこと》に観るのである。純粋な智慧をもつ人は、ただそれを志すだけで目的を達成する。その人は目に見える行動を実行する必要はない。ミティラー［神話の聖王ジャナカに統治されていたヴィデーハ国の首

都」が炎上したとき、人びとは急ぎ駈《か》けつけて、火と格闘しなければならなかった。しかしジャナカ王は知的な決断をくだすだけでこの格闘に貢献した。というのは、彼の召使いたちがよろこんで王の命に従おうと待機していたからである。もし王が火を消し止めようとバケツをもって走りまわっていたなら、彼は人びとの足手まといになっただけだろう。他の人たちは物珍しげに王を見ているだけで、自分たちの義務を遂行できなかったであろう。あるいは、せいぜい王の無事を気づかって、右往左往したことだろう。こうはいっても、わたしたちのだれもが、ただちにジャナカ王のような名君たれ、というのではない。ジャナカ王のような境涯に到達するのは、きわめて至難のことである。百万人にただ一人《ひとり》が、多くの生命のうえにひろがる奉仕の結果として、ジャナカ王の境地に到達できるのである。それは、薔薇園《ばらぞの》［安楽なこと］ではない。人が無私の行為をなしつづけるとき、彼の思念《おもい》はいよいよ強まり、いよいよ表面的な行為に訴えなくなる。しかし彼は、ほとんどこの変化を意識しない。「それのみか」変化を見ようともしない。彼はひたすら奉仕のみに献身する。その結果、奉仕をおこなう能力《ちから》はいや増し、奉仕を休止するとは思えない。そしてついに、彼の奉仕は、「あたかも」物凄い速度で運動している物体が静止しているように見えるように、思念一途《いちず》となる。このような人がなにも行為をしていないと言うのは、明らかに誤りである。しかしこの高邁な境涯は、一般には頭に思い描けるだけで、経験されることはない。そこでわたしは、カルマヨーガを優先するのだ。万人はサンニャーサ〈知識、字義的には「放擲」〉の結果を、無私の行為からのみ得る。もし彼らがサンニャーサを試みたならば、「サーンキヤ〈理論〉とヨーガ〈実践〉のあいだで」あぶはち取らずに終わるだろう。もし彼らがサンニャーサに没頭すれば、彼らは偽善者ということになるだろう。そして彼らは行為することをやめるのだから、両方ともに失われる。しかし、無私の行為によって自らを浄め、心と感官を制し、自己をすべての生類と同化し、生類を自らを愛するがごとくに愛する人――このような人は、つねに行為しながらも、行為から脱却し、行為にとらわれることはない。彼は語り、歩行し、通常の人間の行動をいとなむが、彼の行動は彼の諸感官が機能しているだけのように見える。そして彼自身も、なにも行為しているとは思っていない。肉体的に健康な人の身体機能は自然で、無意識的である。たとえば、彼の胃は彼から自立して動いている。彼は胃の機能《はたらき》に悩まされることはない。同じように、精神的に健康な人は、肉体をとおして行為してはいるが、肉体に汚されることなく、なにも行為していないと言えるかもしれない。それゆえに、人は彼のすべての行為をブラフマン（神）に献《ささ》げ、神に代わって行為をしなければならない。またそのために、彼は行為しているにもかかわらず、利も不利も得ることはなく、そのいずれにも左右されることはない――蓮の葉が水に濡らされることがないように。

火曜日　朝

「したがって、ヨーギー（yogi = yogin 無私の行為の人［ヨーガの実践者］）は、無執着の心で、利己心をいだかず、肉体と、意《こころ》と、理解［知性］をもって行為をし、自己を浄め、寂静に入る。これにたいして、行為の果実［報酬］に執心する偽《えせ》ヨーギンたちは、己の欲望に束縛される「囚《とら》われ人《びと》」である。［真の］ヨーギーは、九門の城郭［両眼、二つの鼻孔と耳穴、口、生殖ならびに排泄器官を有する人間の身体］に安らかに座す。すなわち、彼の身体は、彼の意《こころ》によっていっさいの行為を放擲し、彼自身、自らが行為しているのか、させられているのかも関知しない。浄化された魂《こころ》を所有する人は、罪を犯すことはないし、また自分が善行をなしているとも思わない。利己心を打破し、行為の果実をも放棄して、無執着の心をもって行為する人は、主《かみ》の意志と歓びのままに動くただの機械、すなわち神の手中の道具となる。したがってここでは、功罪の問題は起こらない。これにたいしていっぽう、無知の人はつねに損得を勘定に入れ、ますます［不条理の］穴の深みにはまりこんでいく。それゆえ、最終的に彼が手に入れるのは損失ばかりである。しかしながら、自らの無知を日ごと知識によって滅する人については、彼の自発的な行為はいよいよ清まり、世人の目にも完全で、賞讃に値するものに映じる。彼は万物を公正な目で見、ブラフマン［梵・真理］を知る謙虚な学識あるバラモンにたいしても、牛や象や、獣類以下の卑しい生類にも同じ目を向ける。すなわち、彼は万物に同じ献身の心をもって仕える。彼はそれらのいずれか一つを称讃することはないし、いずれか一つを侮蔑の心をもって遇することはない。無私なる行為者は、自らを世界の債務者とみなし、世のすべての他者への負債を弁済し、他者に全《まった》き公正をなす。この地上にあって、彼は［神の］創造に心を魅了され、至高者の精神に心を満たされる。彼はだれかが喜ばしいことをしてくれたからといって有頂天になることはないし、また、あらぬ誹《そし》りを受けたからといって心を傷つけられることもない。外界に執着する人は、自己の外《そと》部に幸福を求める。他方、私心なき無執着の精神《こころ》をもって行為する人は、自らのうちに永遠の平安《やすらぎ》の源泉《いずみ》を発見し、外界の対象から心を引き離す。すべての感官による快楽は、苦の大本《おおもと》である。人は欲望や忿怒《いかり》、等々の襲来に抵抗しなければならない。無私のヨーギーは、つねづね、すべての生類に善をなすことに専念する。彼の心は疑念とは無縁である。彼は世俗にありながら、この世の人ではない。彼はプラーナーヤーマ（prāṇāyāma

調息法）ほかによって内面に目を向け、欲望や恐怖や怒りを抑制する。その人は、わたしひとりが万物の至高の主、「すべての生類の」友、犠牲の供物の享受者であると知り、わたしの寂静に入る。」

(9) 本章は、一九三〇年十二月四日／九日付の「ナーランダース宛書簡」（『全集』四四巻三七一～三七四頁所収）に同封された。

第六章(10)

――一九三〇年十二月十六日
火曜日　朝

主《かみ》［聖バガヴァッド＝クリシュナ］は続けた――「行為の結果に利己的な欲望をいだかず、なすべき義務を果たす人はサンニャーシン（saṃnyāsin［出家修行者・放擲《ほうてき》者］）、またはヨーギーとも呼ばれる。しかし、まったく行為せぬ者は、ただの怠け者にすぎない。問題《こと》の根源は、人は一つの欲望の対象から他の対象へ、さらに第二の対象から第三の対象へと心を移してはならない、ということだ。ヨーガ、言いかえると、［精神《こころ》の］平静の境地（samatvam）を実践せんとする修行者は、行為せずにはいられない。このような平静な心に到達した人は、心が澄み渡るだろう。なぜなら、彼の思念は行為の力に委《ゆだ》ねられるからである。ヨーギーとは、感官の対象や行為に執着せず、意《こころ》が小止みなく徘徊することのない人である。

「人は自力で自らを救済することも破滅させることもできる。それゆえ人は、時と場合しだいで、己の盟友《とも》にも敵《かたき》にもなりうる。利己心を制御した者にとっては、自己は盟友《とも》であり、自己抑制をなしえない人にとっては、自己は敵である。自己抑制がなしえたかどうかは、寒暑や苦楽、毀誉褒貶《きよほうへん》によって、内面の清澄がかき乱されないかどうかである。経験［実践］とともに知識［理論］にたけ、揺るぎなく、感官の主人《あるじ》である修行者こそが真《まこと》のヨーギーであり、その人にとっては黄金も瓦礫《がらくた》も土くれも、みな同じである。彼は盟友《とも》と敵、罪人と聖者を平等な目で見る。このような高い境涯に到達するためには、人は心を安定させ、すべての感官の欲望を排除し、独《ひと》り隠棲して、至高の自我〔最高我＝梵〕に精神を集中しなければならない。ヨーギーのおこなうアーサナ（āsana 坐ること〔いわゆる坐禅〕）ほかの行《ぎょう》だけでは十分ではない。平等の境地に到達するためには、ブラフマチャリヤ（brahmacarya 清浄行〔性的禁欲〕）ほかの主要なヴラタス（vratas〔禁戒〕）を誠実に遵守《じゅんしゅ》しなければならない。このようにしっかり端座し、梵行〔禁欲〕を守り、心を神に集中する人は、完全な寂静に入る。

「寂静は、過食者にも、断食まがいの少食者にも、睡眠を貪る者にも、寡《か》眠《みん》に耽る者にもふさわしくない。修行者〔ヨーガ行者〕は、飲食においても、睡眠と覚醒においても、すべての行為において節度の感覚を保持しなければならない。ある日は過食をし、翌日はほとんどなにも口にせず、ある日は眠りを貪り、翌日は眠らずにいる、また、ある日は働き過ぎたかと思うと、次の日は怠惰に時を過ごす。このような暮らしはヨーギーにはふさわしくない。ヨーギーはつねに心を安定し、努めずしていっさいの欲望から解放されなければならない。彼は、無風状態で燃えさかる揺るがぬ灯火《ともしび》のようである。彼は世俗の舞台上の劇的事件や、自分の脳波に振り回されることはない。このような精神《こころ》の均衡は、ゆったりとした着実な努力によって習得できる。心というものは、不安定で落ち着かぬものであるが、だんだんに安定させていかなければならない。なぜなら、人は理解［知性］が定まったとき、はじめて心の平安をもち得るからである。このようにして、心を安定させるためには、つねに心を自己《アートマン》に固定させなければならない。そのとき彼はいっさいの生類を自己のうちに見、自己をいっさいの生類のうちに見る。なぜなら彼は、万物のうちにこのわたしを見、わたしのうちに万物を見るからである。わたしに没入し、いたるところにわたしを見る人は、もはやその人自身ではなくなる。それゆえ、人がなにをなそうとも、彼はつねにわたしと一体であり、罪を犯すことはできない。」

このように説かれたヨーガは、アルジュナには無理難題に思われた。そこでアルジュナは叫んだ——「どうすればそのような寂静の域に到達できるのですか。人の心は猿のように落ち着きがなく、風のように制御しがたいものです。どうすれば心を抑制できるのですか。」

主《かみ》は答えた——「そのとおりだ。しかしながら、人が執着や嫌悪を征服しようと真摯《しんし》に努めれば、ヨーガは実践できないものではない。ただし、自己の心を制御できない者には、そうでないことを明言しておかなければならないが。」

そこでアルジュナは、次なる問いをなげかけた——「『ヨーガの力を』信じてはいるが、努力たりず、自己を完成するに至らなかったばあい、その人はどうなるのでしょうか。その人は空のちぎれ雲のように滅びてゆくのでしょうか。」

聖なる主は言った――「そのように信仰をもつ者は、けっして滅びることはない。正しい道を行く者は、けっして悪しき結果には至らない。死後、彼は前世に積んだ功徳《くどく》に応じて、しばらく天上界にとどまり、しかるのちに、地上の高貴な一族に生まれる。とは言え、そのような再生はなかなか得がたい。そこで彼は、前世で登った知的段階をとりもどし、「そこから」完成に向かっていっそう励み、最高の目標に到達するのだ。このように孜々《しし》として努力するとき、ある者はやがて寂静に到達するが、いっぽう、前世での信仰と精進の程度しだいで、多生を繰り返し、やっと目標に到達する者もある。心の平静は、苦行にも、知識にも、祭式にもまさる。なぜなら、これらはつまるところ、寂静に至る手段にすぎないからである。されば、そなたは心平《たい》らな、ヨーギーになりなさい。そして、ヨーギーたちのなかでも、すべてをわたしに献げ、心からの信仰をもってわたしのみを拝する人、その者こそ、「ヨーギーのなかでもわたしと一体となった」最高のヨーギーだと、わたしは思う。」

〔追記〕プラーナーヤーマ（prāṇāyāma［ヨーガ行における］呼吸法）とアーサナ（āsana 坐すること［端座の姿勢、いわゆる坐禅］）は、本章では評価すべきものとして語られている。同時に主《かみ》は、ブラフマチャリヤ（brahmacarya［清浄行・性的禁欲］）の必要を、わたしたちをいよいよ神に近づけるために考え出された戒律であると強調する。たんなるアーサナその他の形だけの実修は、けっしてわたしたちを寂静の目標には導かないことを、はっきりと自覚しておかなければならない。

アーサナやプラーナーヤーマは、目的本来のために実践されれば、それらは、心を安定させ、一つのものに心を集中させる一臂《いっぴ》にすぎないかもしれない。でなければ、それらは他のもろもろの肉体的修練法と大差はない。実際それらは、身体の訓練法としてはきわめて有益である。またこの種の修練は、魂《こころ》のためにもなり、肉体的な視点からおこなわれるのがよいと、わたしは信じている。わたしが観察したところでは、こうした修練は、超常的な力（siddhi〔神通力の獲得〕）を身につけようとしたり、奇蹟をおこなおうとして熱中するときに限って有害である。本章は、前三章の要約として学ばなければならない。それは、わたしたちの精神の闘いにおいて、わたしたちを励ましてくれよう。わたしたちは、寂静に至るのに、ゆめゆめ挫折したり努力するのをあきらめたりしてはならない。(11)

(10) 本章は、一九三〇年十二月十三日／十六日付の「ナーランダース宛書簡」（『全集』四五巻一～三頁所収）に同封された。
(11) この追記は、『全集』四五巻二頁にも所収。

第七章(12)

(一九三〇年十二月二十三日)
火曜日　朝

主《かみ》は告げた——「おお、若き王よ、わたしに全身全霊を傾け、わたしをたのみとしてカルマヨーガを実践する者は、一片の疑いもいだかず、どのようにわたしについて完全な知識をもちうるかを語って聞かせよう。わたしは経験にもとづいて、この知識をそなたに説き明かそう。これを知れば、この世には知るべきことはなにひとつ残らない。幾千の人びとのうち、この知識を得ようと努める者は、一人いるかいないかだ。そしてたぶん、そうして努力する者のうち、それ［わたしを知ること］を成し得るのは、一人いるかいないかだ。

「地、水、火、風、空、意［マナス＝思考器官］、知性、自我意識——以上は、わたしのプラクリティ（prakṛti 本性［物質的原質］）の八種の構成要素である。これらは低次元の原質であり、他《ほか》に、もうひとつ高次元の原質、すなわち生命《いのち》の原質［精神的原質］がある。世界はこれら二つの原質から成り立っている。この世界は、これら二つの原質、言いかえると、肉体と霊魂の二つから成り立っている。したがってわたしは、万物の初源であり破壊［滅び去るもの］の根元である。真珠の珠《たま》が糸紐《いとひも》で繋《つな》がっているように、世界はわたしによって保持されている。かくして、わたしは水における味であり、太陽と月における光であり、ヴェーダにおける聖音『オーム［唵］』であり、空《くう》における音響《ひびき》であり、人間における雄々しさであり、大地における芳香《かおり》であり、火における光彩《かがやき》、生きとし生ける万物の生命《いのち》であり、苦行者における激越さである。わたしは智者たちの知性であり、強者たちの純正《まこと》の力であり、すべての生類の、正義に悖《もと》らぬ欲望である。要するに、サットヴァ（sattva［純質］）、ラジャス（rajas［激質］）、タマス（tamas［暗質］）[13]といった種々の状態に属するすべてのものは、わたしから生じることを、また、わたしひとりに依存していることを知るべし。［ところが］これら三つのグナ（guṇa［要素・根本的元素］）に惑わされる人びとは、不易なるわたしを認識しない。［それゆえに］これら三要素より成るわたしのマーヤー（māyā［幻影・幻像］）は超えがたい。しかしながらわたしに避難所を求める［帰依する］人びとは、このマーヤーを、すなわち三つのグナを乗り越える。悪事をはたらく愚者は、夢にだに、わたしのもとに来ようとは考えない。彼らは幻影に惑わされ、無明の闇のなかをさまよい、知識を得ることはない。［これにたいして］善行者たちは、わたしに帰依する。このうちある人たちは、苦悩のうちに救済《すくい》を求め、他の人たちはわたしについての知識を求める。さらに第三の群《グループ》の人びとは、自らのためになにかを得ようとの欲求に触発され、いっぽうの第四の群《グループ》の人たちは、知識をもってわたしを礼拝する——彼らはそれを彼らの義務と考えているのだ。わたしを崇拝するということは、わたしの創造［の事業］に奉仕することである。この奉仕は、ある人たちにあっては、彼らの苦悩ゆえにおこなわれ、また他の人たちにあっては、利益を得んがためになされる。さらに第三群《グループ》の人たちは、こうした行為の結果への好奇心により、そして第四の群《グループ》の人たちは、自分たちが何者であるかを知り、他者への奉仕は、そうせずにはいられないなにかであることを知っておこなうのである。この最後［第四］の群《グループ》の人たちこそ、わたしの賢明な信愛者であり、他の残りの三者よりもわたしにとって愛《いと》おしい。というよりむしろ、彼らこそ、わたしをいちばんよく知る者であり、わたしにいちばん近い。彼らの知恵は、多生にわたる探究の結果であり、この知恵を得たとき、彼らはわたし、ヴァースデーヴァ［クリシュナ神の別称］こそがこの世のすべてであると知る。ところが、諸々《もろもろ》の欲望に心を奪われる者たちは、他の神々のもとに走る。しかしながら、わたしだけが各人の信愛にかなう果報の授与者である。こうした限られた理解［知識］しかもたない者の果報は限られているが、彼らはそれで満足している。このような無知の人びとは、感覚をとおしてわたしを知っていると思い違いをしている。彼らは、不滅にして至高なるわたしの顕現は、感覚を超えたものであり、手や、耳や、鼻や、目では把《と》らえがたきものであることに気づいていない。このようにして無知なる者は、わたしが万物の創造者であるにもかかわらず、わたしを認識しない。これがわたしのヨーガマーヤー（yogamāyā 創造の力［ヨーガの幻力］）である。喜びと苦痛は、好悪から生じる必然的な結果であり、人類を迷妄に陥らしめる。しかし、迷妄から自らを解き放ち、自らの思想と行動を浄める人たちは、己の信念を堅持し、つねにわたしを信愛する。彼らは完全なブラフマン（Brahman 絶対者）という形でわたしを知ると同時に、さまざまな相《すがた》に顕《あら》われた個我（adhyātma）、ならびにわたしの創造の行為《カルマ》（karma）においてわたしを知る。このようにして、わたしを最高の造化（adhibhūta［現象］）と最高の神格（adhidaiva）ならびに、最高の祭祀（adhiyajña）を司《つかさど》る一者として知り、心の平静に到達した者は、死して後《のち》も、生死の束縛から解き放たれる。彼らは実在の知識を得たのだから、彼らの心は瑣末事《さまつじ》に思いとどまることはない。［言いかえれば］彼らは、全世界に神の精神《こころ》が充満し、かれ［神］に世界が吸収されていると考えるのである。」

(12) 本章は、一九三〇年十二月十八日／二十三日付の「ナーランダース宛書簡」(『全集』四五巻一九～二五頁所収)に同封された。

(13) それぞれ調和、情熱、怠惰、あるいは律動、活動、惰性の意。

第八章(14)

——一九三〇年十二月二十九日
月曜日　朝

アルジュナはまた問うた——「あなたは『ブラフマン』（Brahman 絶対者）について、『アディヤートマ』（adhyātma〔個我〕）、『カルマ』（karma〔行為〕）、『アディブータ』（adhibhūta〔被造物・現象〕）、『アディダイヴァ』（adhidaiva〔神格〕）について、また『アディヤジュニャ』（adhiyajña〔最高の犠牲・祭祀〕）についていろいろ語ってくれましたが、わたしにはそうしたすべての言葉の意味がかいもくわかりません。それからあなたは、死に臨んであなたをアディブータ等々として知り、心の平静に至る者に自らを顕《あら》わすと言われましたが、そうしたすべてについて「もっと詳しく」説明してください。」

主《かみ》「聖バガヴァッド」は答えて言った――「ブラフマンとは、不滅にして最高の神の相《すがた》であり、アディヤートマとは、行為者として、また享受者としてすべての生類の体内にやどる個我である。それからカルマとは、すべての生類が存在に至る過程、すなわち創造の過程である。アディブータは滅びゆく肉体としてのわたし自身であり、アディヤジュニャは犠牲によって浄められた個我の魂である。このようにして、肉体として、「至らぬ」愚かな魂として、また浄化された魂として、あるいはブラフマンとして、至るところに遍在するのがわたしである。いまわのきわに臨んでも、こうしたすべての相《すがた》でわたしを瞑想《おも》い、己自身を忘れ、なにものにも気をとられず、なにものをも欲しない人は、わたしと一体化すること、疑いなし。死に臨んで、人が繰り返し心に想い、想起するものがなんであれ、達成せられる。それゆえに、片時も怠らず、わたしを念じ、知と心をわたしに集めるべし。そうすれば、かならずやそなたはわたしのもとに至るであろう。けれどもそなたは、このように心を「統一し」安定するのは至難のことだと言うかもしれない。それでもなお、日々の「ヨーガの」実践とたゆまぬ努力によって、精神の統一は可能になるとのわたしの言葉を信じるのだ。なぜなら、いまも言ったように、すべての具象化された存在物は、本質においては、さまざまな形をとって顕《あら》われたわたし自身だからである。このため人は、死に臨んでも「おたおたと」迷うことのないよう、信愛に心を集中し、生命力《プラーナ》(prāṇa)をしっかりと堅持し、わたしをひたすら全知全能者、太古の聖仙、支配者、万物の支持者、闇を払う太陽のごとき無知の放逐者と思い定めるために、当初《はな》から心の準備をしておかなければならない。

「この最高の境涯は、『ヴェーダ〔聖典〕』では『不滅〔不壊〕のブラフマン（Akṣara Brahman）』として知られ、好悪〔愛憎〕を離脱した聖者たちの達するところとされている。そこに至ろうと願うすべての修行者たちは、ブラフマチャリヤ〔純潔の行・禁欲の行〕を修めなければならない。すなわち、肉体と心と言葉をよく抑制し、これら三つの方法で感覚器官を断たなければならない。死にゆくときにも感官を制御し、聖音『オーム〔唵〕』を唱えつつ、わたしを念じる男女《もの》は、最高の境地に達する。そのような男女の心は雑念に逸《そ》らされることはない。そうしてわたしのもとに来たるとき、彼らはこの苦の境涯〔世界〕に再生することはない。わたしのもとに到達するということは、生死の忌《い》まわしい環〔輪廻〕から離脱する唯一の方法である。

「人びとは百年という人間の単位《スパン》で時を計り、その間に、何千何万といういいかがわしい行為をなす。しかしながら、時は無限である。一千ユガ（世期）は梵天の一日にすぎず、それとくらべれば、人の一日や百年など、無きにひとしい。このような微細な時をかぞえたとて、なんの益があろうか。人生など、有限の時間のめぐりのなかの一瞬にすぎない。それゆえに、他のいっさいを排して神のみを想うことこそが、わたしたちの義務《つとめ》である。どうして刹《せつ》那《な》的な快楽を追い求めていられようか。創造と破壊はブラフマーの一昼夜のうちに止むことなく過ぎ去っていく。そしてこれからも［未来永劫］このことは続くであろう。

「顕現［存在］するものを創造し破壊するブラフマーとて、わたしの一面にすぎない。かれ［ブラフマー］は、感官をもっては感知できない。この顕われざる［目に見えぬ］ものの向こうに、すでに述べたもうひとつのわたしの非顕現な相がある。そこに到達した人は生まれ変わることはない。なぜなら、そこには昼も夜もないからである。そこは深閑と静まりかえった不動の景色であり、一途《いちず》な信仰心によってのみ実感することができる。そのものは、全宇宙を支え、全宇宙に充満している。

「ウッタラヤーナ（一月から七月までの太陽の北回帰路）の月の満ちる半月に死ぬ者は、死に臨んでわたしを想うならば、わたしのもとに来たるであろう。ダクシナヤーナ（七月から一月までの南回帰路中）の月の欠けてゆくときに死ぬ者は、この世に再生するといわれている。『ウッタラヤーナ』、すなわち『月の満ちてゆく半月』は、ここでは『無私の奉仕の道』を意味し、『ダクシナヤーナ』、すなわち『月の欠けてゆく半月』は、『自己愛の道』を意味するものと解される。奉仕の道は知識の道であり、自己愛は無知の道である。知識の道を行く者は、生死の絆《きずな》［輪廻］から解放される。これにたいして、無知の道を行く者は［輪廻の］絆の囚われ人となる。これら二道の違いを知ったのちも、無知の道を選ぶ愚者はどこにいるだろうか。人はみな、両道の相違をわきまえ、いっさいの果報［『ヴェーダ』の学修・祭祀・苦行・布施の功徳の果報］を放棄し、超然たる心で行動し、全身全霊をもって義務を遂行し、わたしの説く最高の境涯に到達しようと努めなければならない。」

(14) 本章は、一九三〇年十二月二十七日／三十日付の「ナーランダース宛書簡」（『全集』四五巻三七〜三九頁所収）に同封された。

第九章(15)

（一九三一年一月五日）
月曜日　朝

前章の末節で、ヨーギーの高い境地について述べたが、主《かみ》はいま当然のこととして、バクティ（bhakti 信愛）の栄光を讃《たた》えはじめた。なぜなら、『ギーター』に言うヨーギーとは、無味乾燥なこちこちの知識人ではなく、また手前勝手な情熱に押し流される狂信者でもなく、信愛と智慧を兼ねそなえた無私の行為者だからである。

そこで主《かみ》は述べた――「そなたは憎悪から解放されたのだから、わたしはいま、叡知の極意を、すなわち、そなたの幸福に寄与する知識について説いて聞かせよう。これは、他のすべてを超えた聖なる知識であり、行動に移しやすい知識である。これを信じぬ者たちは、わたしを見出すことはできない。人は、彼らの感官をもってはわたしの非顕現な相《すがた》を感知することはできない――しかもそれは全世界に充満している。それは世界〔万物〕を支えるのではあり、世界がわたしを支えるのではない。またある意味では、いっさい万物はわたしのうちに存在しないし、わたしもそれらのうちに存在しないと言えるかもしれない。わたしは万物の淵源であり支持者でありながら、万物はわたしのうちに存せず、わたしも万物のうちに存在しない。なぜなら、無知ゆえに彼らはわたしを知らず、わたしにいっさいを献《ささ》げないからである。このことをわたしの神的不可思議と知れ。

「しかし、わたしはあたかもこうした存在物〔万物〕のなかに存在しないかのように思われるかもしれないが、わたしは大気中のいたるところを吹きぬける空気のようでもある。すべての創造物は、輪廻〔劫〕の終わりにわたしの本性〔プラクリティ（根本原質）〕をくぐりぬけ、〔新しい〕創造の初めに〔帰って〕生まれ変わる。こうした行為はわたしそのものであるが、わたしを束縛することにはならない。なぜならわたしは公正な精神《こころ》をもって行動し、人びとのもたらす行為の成果には無関心だからである。これらの出来事《こと》は、わたしの本性のままに生起する。しかし人びとは、このような姿をとるわたしを認識せず、わたしの存在をも否定する。彼らは虚《むな》しい願望をいだき、虚しい行為をなし、無知にあふれている。ゆえに彼らは悪魔《アスラ》の性《しょう》を分かちもつものと言われるのである。けれども、神的な本性に依《よ》って生きる人びとは、不滅の創造者としてのわたしを知り、わたしを崇拝する。彼らの信念は確固としてかたい。彼らはつねに美徳に向かって努め、わたしを称讃し、わたしを念想する。他の人たちもわたしを一《いっ》なるもの、あるいは多なるものと信じている。わたしには数えきれないほど多くの属性がある。したがってわたしを多であると信じる人たちは、異なる属性をわたしの多くの異なる顔と考えているのだ。しかしながらだれもみな、ひとしくわたしに信愛を献げる信者である。

「わたしは祭儀を献げようとする意志《こころざし》である。わたしは犠牲そのものであり、わたしは父祖の霊に献げられる祭祀である。わたしは薬草であり、真言《マントラ》(mantra)であり、供物である。そしてわたしは祭火である。わたしはこの世界の父であり、母であり、支持者であり、祖先であり、知識の対象であり、オーム(Om［聖音］)であり、『リグ・ヴェーダ』『サーマ・ヴェーダ』『ヤジュル・ヴェーダ』である。わたしは巡礼の目的地であり、維持者であり、主《かみ》であり、目撃者である。わたしは隠れ家であり、愛人であり、本源であり、終滅であり、熱暑にして寒冷であり、存在にして非存在でもある。『ヴェーダ』に告げられた祭儀をおこなう人びとは、果報を得んがためにそれをおこなう。彼らはそうすることで天国に至るかもしれないが、〔ふたたび〕生命ある者の世〔人間界〕にもどって、死ななければならない。しかしながら、人がもし不退転の決意をもってわたしを思念し、わたしひとりを拝するならば、わたしはすべての重荷をひきうけ、その人の必要とするいっさいの物を施し、その人の所有物を守るであろう。心に信仰心をいだいて他の神格を拝する者たちは無知ゆえの犠牲者であるが、彼らも実際にはわたしを拝しているのだ。なぜなら、わたしはすべての犠牲の主《かみ》だからである。しかるに彼らは、〔あまねく万物を〕包摂するわたしを知らない。ゆえに至高の状態に達することはできない。〔それぞれの〕神の信奉者たちは神々の世界に赴き、先祖崇拝者たちは父祖の霊のもとに、また聖霊崇拝をする者は聖霊のもとに至る。［同様に］正しい態度でわたしを崇拝する者はわたしのもとに来《き》至《いた》る。わたしは求道者たちの愛の献げものを受け容れる——たとえそれが木の葉一枚であろうと、花一輪であろうとも。したがってそなたはなにをなすにしても、ひたすらそれをわたしへの献げものとしておこなうことだ。——善悪の果報をともに終わらせる［輪廻の束縛から解放される］ために。そなたが行為のすべての結果［果報］を捨て去るとき、そなたにはもはや生も死もなくなるだろう。わたしは万物にたいして平等である。わたしにはひとつとしておぞましいものはなく、またいとしいものもない。しかしながら、信愛をこめてわたしを拝む人びとはわたしの内にあり、わたしもまた彼らの内にある。これはえこひいきではなく、彼らの信仰の自然な結果［成りゆき］である。信愛は実に、驚くべきはたらきをする。全《まった》き信愛をもってわたしを拝する者は、たとえその人が罪人［極悪人］であろうと、聖《きよ》き人［善人］である。太陽の前で闇が消え失せるように、人がわたしのもとに来たるや、ただちに彼は悪の道を棄《す》て去るのだ。それゆえに、わたしに帰依する者は滅びることがないことをしかと知れ。その人は敬虔なる信仰者となり、わたしの寂静に入る。いわゆる身分賤しき者でも、無学な女でも、わたしに隠れ家を求める者は、ヴァイシャであろうと、シュードラであろうと、わたしのもとに来たるのだ。いわんや聖浄な生活をおくるバラモンやクシャトリアにおいてをや、である。信仰心の篤《あつ》い人はみな、その人の信仰の果報を享《う》ける。それゆえに、この無常の世に生まれた者は、わたしを崇拝し、自らの救済に力を尽くさなければならない。そなたの心をわたしに向け、わたしを信愛しなさい。わたしを供養し、わたしに帰命しなさい。そうしてそなたがいちずにわたしに専心し、わたしと一体となるために己を無にするならば、そなたはかならずやわたしのもとに来たるであろう。」

（一九三二年一月六日）
火曜日　朝

追記

わたしたちは本章で、バクティ（bhakti 信愛）というのは、神の前ではアシャクティ（aśakti［無能力・無力の意］）であることを知った。これこそは、無私の精神を培《つちか》う王道である。それゆえわたしたちは、まず初めに、信愛は最高のヨーガであり、行い易《やす》い、と告げられるのである。［しかし］それは、わたしたちの心の琴線に触れれば、行うに易いが、心をとらえなければ、行い難《がた》い。それゆえ信愛は、

［言葉を代えれば］わたしたちが生命《いのち》そのものを代償としてさし出さなければならないなにかだと教えられてきたのである。而《しこ》うして、信愛に身を投じる人は全《まった》き祝福を享受することができる――逆にそれは、たんなる傍観者を怖《こわ》がらせるだけであるが。スダーンヴァ(16)は、見物人たちが恐怖と不安でひやひやしているあいだも、煮えたぎる油のなかに身を横たえながら平然と微笑《ほほえ》んでいたと伝えられる。「不可触民の」ナンダ(17)は、火の試練を受けているあいだも、［喜びで］踊っていたと言われる。わたしたちは、これらの言い伝えの真偽のほどを問うまでもない。物語の真意は、人間がなにかに専念するとき、このような泰然たる冷静さに到達できるということである。彼はもはや自分のことなど忘れているのだ。それにしても、神以外のなにかに、誰がこれほど心を集中できるだろうか。諺《ことわざ》にも「サトウキビよりも、苦いニーム［センダン樹、葉は殺虫剤に用いられる］を、また日光や月光よりも、蛍の光を好むばかになるな」とある。このように本章は、行為の果実［果

報」を放棄するのは、信愛なくしては不可能であると説くのである。章をしめくくる詩句は、このような言葉で結ばれている――「他のなにものをも求めず、そなた自身を完全にわたしに放擲《ほうてき》［帰命］せよ」と。

(15)本章は、一九三一年一月一日／六日付の「ナーランダース宛書簡」(『全集』四五巻六四～六七頁所収)に同封された。

(16)『マハーバーラタ』におけるチャンパヴァティの王ハンサドゥーワジの息子。彼は無神論者であった父王に従わなかったために、煮えたぎる油のなかに投げ入れられたが、神への献身のゆえに無傷で出てきた。

(17)ナンダはいかなる厳しい試練にも負けることはなかった。伝説では、寺院に足を踏み入れ、燃えさかる炎のなかに入っていったという。

第十章⒅

——一九三一年一月十二日
月曜日　朝

主《かみ》は告げた——「信者たちの幸いならんことを願ってわたしが言うところを、もういちどとくと聞くがよい。神々や偉大な賢者たちでさえ、わたしの初源を知らない。それは、わたし自身に初めはなく、神々や賢人たちをも含めた宇宙の初源であるという、ごく簡単な理由からである。わたしは、生まれ出たものではなく、［それゆえに］初めのないものであることを知る賢者は、いっさいの罪悪から解放される。なぜならば、人がわたしをそのようなものとして実感し、己自身をわたしの子、あるいはわたしの重要な部分であると気づくとき、その人は人間の罪の負い目を超えるからである。人間の本性を知らないことこそ、罪の根源《もと》である。

「万物がわたしから生まれるごとく、それらに賦与されるさまざまな性質も同じように、わたしから生じる――たとえば、寛恕《かんじょ》、真実、苦楽、死生、恐怖、無畏《むい》［怖れなき心］などがそうである。これらすべてがわたしの栄光の示顕であると知る人は、自己本位でなくなるがゆえに、容易に心の平静に入る。彼らの心はわたしに定まり、揺らぐことはない。彼らは己のすべてをわたしに献げる。わたしのことだけが彼らの唇《くちびる》にのぼる。彼らはわたしを称えながら、喜び、満足のうちに暮らす。つねにわたしを意識しつつ生きる、これらの愛すべき礼拝者たちに、わたしは理解する力［知のヨーガ］を授ける

――それによって彼らがわたしのもとに来ることができるように。」

そこでアルジュナは主《かみ》を称えて言った――「あなたは最高のブラフマン〔最高の原理＝梵〕にして、最高の住処《すみか》であり、主《かみ》です。あなた自身がおっしゃるとおり、聖者たちはあなたを、本源の神、生まれ来《こ》ざるもの、遍《あまね》く充満するものと呼ぶ。おお神よ、おお父よ、だれひとり、あなたの本性を知る者はいません。それを知るのは、あなたひとりだからです。願わくは、あなたのかがやかしい顕現を語ってください。どうすればわたしが、瞑想によってあなたを認識できるかを説いてください。」

主は答えた――「わたしの聖なる示現は果てしないが、〔いまここで〕それらのうち主要なものだけを聞かせよう。わたしは万物の心にやどるアートマン（ātman 魂〔自己〕）である。わたしは万物の初めであり、中間にして終わりでもある。わたしはアーディティヤ神群中のヴィシュヌである。光かがやく天体にあって、常光の源《もと》である太陽である。マルト神群（風神たち）のマリーチにして、星宿における月である。諸ヴェーダにおける『サーマ・ヴェーダ』である。神々のなかにあっては、インドラである。諸々《もろもろ》の感官のなかのマナス〔意＝思考器官〕であり、万物〔生類〕における意識〔知力〕である。わたしはまた、ルドラ神群におけるシャンカラ（Śiva〔シヴァ神〕）である。ヤクシャ（Yakṣa）とラクシャサス（Rākṣasas）におけるクベーラ（Kubera）である。〔そして〕ダイティヤ（Daityas 悪魔・魔神たち）のなかのプラフラーダ（Prahlāda）であり、獣類のなかでは獅子、鳥類のなかでは鷲である。実を明かせば、わたしは賭博師たちの賭けごとである。善悪はともあれ、この世界に生起するすべては、わたしの許可《ゆるし》を得てはじめて起こる。このことを知るとき、人はみな、彼らの高慢を捨て、悪を遠ざけなければならない。なぜなら、わたしこそは人間の善行悪行の応報の賦与者だからである。そなたは、わたしが自分の一部分をもって全世界を支えていることを実感しなければならない。」

(18) 本章は、一九三一年一月十二日付の「ナーランダース宛書簡」(『全集』四五巻八五〜八六頁所収)に同封された。

第十一章[19]

（一九三二年一月十九日）
月曜日　午前・午後

アルジュナは、主《かみ》に許しを乞うて言った――「おお、最高の主《かみ》よ、あなたは魂について真実を説くことで、わたしの無知を追い払ってくれました。あなたは［森羅世界の］すべてであり、創造主であり破壊者でありながら、ご自身は不滅者です。かなうことなら、あなたの聖なるお姿をひとめ拝《おが》ませてください。」

主は告げた――「見よ、さまざまな色や形をした幾百幾千というわたしの聖なる姿を。アーディティヤ神群もヴァス神群もルドラ神群(20)も、動・不動のすべてのものも、みなわたしの体内で一つである。しかし、肉眼をもってしては、そなたはわたしのこの姿を見ることはできない。それゆえに、わたしを見ることのできる天眼を授けよう。」

サンジャヤはドリタラーシュトラに向かって言った――「おお、王よ、アルジュナにこのように語ったとき、主はいっさいの表現のおよばぬかれの驚嘆すべき形相《すがた》を顕《あらわ》しました。わたしたちは日々、天空に一つの太陽を見ますが、かりに千の太陽が大空に「いちどに」輝いたとしても、アルジュナが見た栄光は、千の太陽を集めた光輝《ひかり》よりはるかにまぶしかったことでしょう。そのお形相《すがた》の装飾《かざり》も武器も、同じように聖《きよ》らかでした。それを見てアルジュナの髪は総立ちし、全身を震わせながら――。」

アルジュナは言った――「おお、神よ、わたしはあなたの内に、万物と万神を見ます。ブラフマン［梵天］もシヴァもそこにおわし、賢者たちも聖竜たちも、ことごとくそこにいます。わたしは無数の臂《うで》と顔をもつあなたを仰ぎ見ます。そこでは、初めも中間も終わりも見えません。あなたは正視できない光の塊《かたまり》となって輝き、火のように燃えあがります。あなたは全世界の究極の拠りどころであり、日々の太古《むかし》であり、永遠の法《ダルマ》の守護者です。わたしが目をどこに向けようとも、あなたの身体《からだ》の一部分を見ているだけです。日と月は、いわばあなたの目です。あなたは遍《あまね》く天地に充満し、あなたの光輝《ひかり》は全世界を焼きつくします。世界は畏《おそ》れに慄《ふる》えています。神々も、大仙たちも、シッダ［修行の完成者］たちも、ことごとく合掌して立ちつくし、あなたの讃歌《ほめうた》をうたいます。この驚嘆すべきお姿と光彩《ひかり》を見るとき、わたしは我を忘れ、わたしの忍耐［冷静さ］も平安も消え失せます。おお神よ、わたしをお憐れみください。人びとはみな、牙をむく恐ろしいあなたの口に、飛蛾《ひが》が燃えさかる炎のなかに飛びこむように突進し、粉々に呑み砕かれていきます。このような恐ろしい形相《ぎょうそう》をしたあなたは、いったいどなたなのでしょうか。わたしには、あなたの所行《わざ》は計りかねます。」

［すると］主［聖バガヴァッド］は言った――「わたしは世界の破壊者である大いなる時間［カーラー］である。そなたらが戦おうと戦うまいと、両軍の戦士たちが滅びること必定だ。そなたらは聖なる意志の具にすぎない」と。

アルジュナは言葉をついで言った――「おお神よ、全世界の家［拠りどころ］よ、あなたは不滅者であり、有［存在］であると同時に、非有［非存在］です。そして、それらのいずれをも超越しています。あなたは神々の原初であり、日月の太古《むかし》です。そしてあなたは、世界の隠れ家です。あなたこそは、知られるべき唯一の対象です。あなたはヴァーユ（Vāyu 風神）であり、ヤマ（Yama 死と裁きの神［閻魔《えんま》］）であり、アグニ（Agni 火の神）であり、プラジャーパティ（Prajāpati 創造主）です。心をこめて、あなたを千回拝し奉ります。願わくはいま、ふたたびあなたのそもそものお姿を顕してください。」と。

そこで主は告げた――「わたしはそなたに、世界に遍く広がるわたしの姿を見せた――そなたを愛するがゆえに。そなたは今日、『ヴェーダ』ほか、どんな聖典の学習によっても、また祭祀や布施、苦行によっても得られないなにかを見たのだ。そなたはそれを見たからといって、けっして戦慄《おのの》いてはならない。恐怖心を断《た》ち、心おだやかに、［これまでどおりに］わたしの形相《すがた》を見るがよい。そなたがいま見たばかりのわたしの形相は、神々ですら見がたいものであり、純粋《きよらか》な献身によってのみ見ることができる。わたしのために行為し、わたしを最高の善として、わたしの信愛の徒となり、執着から自らを解き放ち、万物を愛する者はだれもみな、わたしのもとに来たるのだ。」

追記　本章は［前章］第十章同様、［翻案にあたっては］思いきり削減した。本章は詩情にみちており、したがって、原文で読むにせよ翻案で読むにせよ、信仰心を深く学びとったかどうかは、章末に語られた厳しい基準にてらして判断できよう。信仰心は、完全な自己放擲《ほうてき》と、すべてを包摂する愛が欠如していては不可能である。自己放擲と、すべての生類との共生感は、大きく開いた口に世界が呑《の》み込まれていく宇宙滅亡［いわゆる最後の審判］の時として神を想《おも》うならば、容易に到達できよう。この運命は、わたしたちが願おうと願うまいと、まったく突然に襲いかかってくることは間違いない。このようにして、大小、上下、男女、人間と下等動物のいっさいの差別は消え失せるだろう。わたしたちはみな、破壊者である神の口の一片の食べ物にすぎないことに思いをいたすとき、わたしたちは己を低くし、自らを無にし、他のいっさいの生類との友情を養わなければならないことが理解できよう。これらのことを実践すれば、わたしたちは恐ろしい神の形相に怯《おび》えることはなくなるだろう。それどころか、それはわたしたちに心の平安《やすらぎ》をもたらしてくれるだろう。

(19) 本章は、一九三二年一月十四日／十九日付の「ナーランダース宛書簡」(『全集』四五巻一〇二～一〇五頁所収) に同封された。

(20) 古代インド神話における、さまざまな神々の群《グループ》。

第十二章(21)

――一九三〇年十一月四日
火曜日　朝

［ここで］アルジュナは主《かみ》にたずねた――「ある信者《バクタ》はサーカーラ（sākāra［肉体を有する者の意で、人格神のこと］）を崇拝し、いっぽう他の信者《バクタ》たちはニラーカーラ（nirākāra 絶対者のこと［非顕現たる者、無形にして見えない者の意］）を崇拝します。これら二つの道のいずれが好ましいのでしょうか。」

主は答えて言った――「全《まった》き信仰をもて、わたしを（一切万物のなかの唯一の生命《いのち》として）思念し、わたしに専心する者こそ、実に、わたしの信仰者である。しかしながら、絶対者を崇拝し、感官を制御・抑制し、生きとし生けるすべての生類を平等視し、優劣を差別することなく仕える人びともわたしのもとに至る。これら二種類の信者のいずれが他にまさるということはない。とは言いながら、絶対者を完全に実感するなど、肉体をもつ常人にはほとんど不可能である。［非顕現な］絶対者はいっさい属性をもたない。このために、人間には想像することすらむずかしい。したがって彼らは、このことを意識しようとしまいと、ひとしくみな人格神の信者たちである。それゆえそなたらは、（普遍的な形相《すがた》をした人格神である）わたしに専念し、わたしにそなたらのすべてを傾けるがよい。これができないときは、心の散逸を抑制すべく努めなさい。すなわち、ヤマ（yama［『抑制・制御』の意で、ヨーガの第一段階の禁戒］）とニヤマ（niyama［『苦行・瞑想・純潔』の意で、ヨーガの第二段階」）を遵守《じゅんしゅ》し、プラーナーヤーマ（prāṇāyāma［ヨーガの実修の重要項目の一つ『調気法・呼吸法』］）ほかヨーガの修練の助けをかりて、心を制御・統一するのだ。これも能力《ちから》に余るというのであれば、そなたの迷妄を打破するために、すべての行為をわたしのためにおこなうがよい。そうすれば、そなたは無私と献身を会得するだろう。また、それすらもできないというのであれば、行為の結果［報酬］を捨て去るがよい——別言すれば、行為の結果を望むのをやめ、ひたすら自らに与えられた仕事にいそしむということだ。人は自らの行為の結果について、いっさいとやかく言うことはできない——なぜなら、結果がどうなるかは、無数の個別の要因によって決まるからである。それゆえ、そなたはわたしの掌中のたんなる道具であるがよい。このようにわたしは、四つの方法《みち》を説いた。そのいずれが他に優るとか劣るとかということではない。そなたはこれら四つから自分の好む方法を選ぶがよい。知識の道（教えを聞いて、それについて沈思黙想する、など）は、ヤマやニヤマやプラーナーヤーマやアーサナ［ヨーガの説く体位法］よりも容易である。礼拝中の瞑想はさらに容易であり、行為の結果の捨離は、これらすべてのなかでもっとも易《やす》い。とは言っても、同じ方法がひとしくすべての人に向いているわけではなく、これら四つの方法をことごとく採《と》らなければならない求道者もいる。これら四つの方法は互いに繋がっているからである。［ともあれ］そなたはいずれかの道で信者［求道者］にならなければならない。ひとことで言えば、そなたは同じ目標に至るどの道を選んでもよい、ということだ。

「［それではここで］真《まこと》の信者とはどのような人かを語って聞かせよう。その人はすべての生類に憎悪や悪意をいだかず、万物を愛と憐憫《れんびん》の情をもって見る。その人［彼］は「私」とか「私のもの」といった迷妄から解き放たれている。彼は己を「無」にして、喜びも苦痛もひとしく受容する。彼は自分が赦《ゆる》されたいと願うがごとく、悪をなす者を赦す。彼は自らの運命に満足し、［しかも］彼の決意は揺らぐことはない。彼は知性と心とすべてをわたしに献《ささ》げる。その人はけっして朋友《とも》である生類を悩ませることはしない。したがって生類も彼を恐れない。彼は世間に迷わされることなく、喜怒や悲痛、恐怖のすべてから遊離している。その人は己のためには、いっさいなにも求めない。彼は純粋で、行為は有能である。彼はまた、いっさいの営利を目的とする事業を放棄する。(22)その人の決意は固いが、行為の成・不成功については無頓着である。つまり、その人は行為の結果を望まない。彼は敵にも味方にも公正であり、毀誉褒貶《きよほうへん》もその人にとっては同じである。その人は黙して語らず、身にふりかかるもので満足する。彼はあたかも独りでいるがごとくに自由に振る舞う。このような人はいつ、いかなるところにあっても、心は安定している。このような信仰心をもって振る舞う信者《バクタ》こそ、わたしには愛《いと》しい。[23]」

(21) 本章は、この一連《シリーズ》の書簡の最初のもので、一九三〇年十月三十日／十一月四日付の「ナーランダース宛書簡」（『全集』四四巻二七四～二七七頁所収）に同封された。

(22) ガンディーは、一九三〇年十一月十三日／十七日付「ナーランダース宛書簡」（『全集』四四巻三一七～三一八頁所収）で、次のように説明している――
「信者は『いっさいの事業を放棄する』とは、信者は、将来の拡張計画を描かないことを意味する。たとえば、現在、布を扱っている商人が、将来、薪《まき》を商う計画があるとすれば、あるいは［現在］たった一軒の店しかもっていない商人が、さらに五軒店を開こうと考えているとすれば、それは、彼にとっては、アーランバ（事業）であり、信者はけっしてそのようなことはしない。この基本思想は国の事業〔奉仕〕にも同様に当てはまる。たとえば、手織り《カーディー》の仕事に従事している者は、明くる日、牛飼いの仕事を始めることはないし、その次の日に、畑仕事を、そして、四日目には医療の手伝いをするなどということはないだろう。彼は、何であれ、〔自らの〕目の前にあることに全力を尽くすだろう。我欲から解放されれば、わたしがなすべきことは何もない。

「主はわたしを綿糸で縛っている。主がどこに導こうとも、わたしは主のものである。わたしは『愛の短剣』に貫かれている。信者の活動は、ことごとく神によって計画されている。そしてそれは、ごく自然なものとして信者にもたらされる。それゆえ、彼は、『これにも、あれにも、あるいは他の何であれ』満足するのだ。これが、『いっさいの事業を放棄する』ということである。信者は働くことをやめはしない。それどころか、彼が働き手でないとすれば、いったい何者だというのだ。彼はただ、自らの仕事について無用な考えをもつのをやめる。彼が放棄しなければならないのは、こうした考えなのだ。」

(23) 続く各章は、ガンディー記念基金・博物館のM.M.U.(mobile microfilm unit)/IIからのものである。

第十三章

（一九三二年一月二十五日）

月曜日　朝

［それから］主《かみ》は語った――「クシェートラ（kṣetra 土地）というのは、人間の肉体の別称であり、クシェートラジュニャ（kṣetrajña）は土地を知悉《ちしつ》する者の意である。わたしを、すべての身体において『土地』を知る者と心得よ。真《まこと》の知識とは、『土地』と『土地を知る者』を識別することである。

「五大元素、すなわち地・水・火・風・空と、アハンカーラ（ahaṃkāra［自我意識〕）、知性〔思惟機能〕、非顕現〔プラクリティ〔根本原質〕〕、十の感官[24]と心、五つの感覚の対象、欲望、憎悪、苦楽、身体の構成部分に備わった集合力《サンガータ》（saṃghāta）、意識と堅固な心――こうしたものが、いくらか変化と修正を加えながら『土地』を成立させているのである。これらを知ることは不可欠である――これらのものは〔最終的に〕放棄されなければならないのだから。真知とは、そうした放棄がなされる基礎《もと》である。言うところの真知とは、謙虚さ、慎み、非暴力、寛恕《かんじょ》、廉直《れんちょく》、師にたいする奉仕、純潔、揺るぎなき安定感、自己抑制、感覚の対象への無関心、我執なきこと、生老病死の害悪への深い洞察、妻子や家族、友人縁者との別離、幸運と不運への等観、神への心からの献身的信愛、独居〔孤独〕の楽しみ、他人と感覚的な享楽を分かたぬこと、魂〔アートマン〕についての知識と、最終的には神の示現〔神を直接見ること〕を渇望することである。これらの反対が、すなわち無知である。

「それでは［ここで］、救いについて知っておくべきことを、いくらか話しておこう。まず、始め〔起源・原初〕のない最高ブラフマンについてである。ブラフマンは生まれ出たものではなく、なにも存在しなかったときに、すでにそこにあったのだから、始めなきものである。それはサット（sat 有）でも、アサット（asat 非有・非実在）でもなく、いずれをも超えたものである。しかし、いっぽう見方を変えれば、それはサットであるとも言えよう。なぜならそれは、永遠なるものだからである。人間はそれを、そのようなもの〔永遠なるもの〕として認識することはできない。したがってそれは、サットをも超えたものと言われるのである。それは遍《あまね》く世界に充満している。それは千の手足をもつと言える。またそれは、手足をもっているように見えるかもしれないが、感官はもたない。なぜなら、そのような感官を必要としないからである。ブラフマンが永遠であるのにたいして、感覚器官は一時的なものにすぎない。ブラフマンは遍く万物に浸透し、万物を支えているのだから、グナ（guṇa 属性・性質）を有していると言われるが、［と同時に］グナからは遊離している。グナのあるところには、ヴィカーラ（vikāra 変化・変容）はあるが、ブラフマンは不変である。ブラフマンは、万物の外にあると言われる――なぜならそれは、それを知らない人たちのために外にあるからである。またそれは、万物に遍在するのだから、すべての存在の内にある。同じようにそれは、動くものであると同時に不動である。それは微細なるがゆえに認知することはできない。それは近くにあると同時に遠くにある。それは不滅であるがゆえに分割されない。ナーマ（nāma 名称）やルーパ（rūpa 形・色）は滅びるが、ブラフマンは不滅であるという意味で分割されない。いっぽう、それはまた、万物の内にあると考えるのだから、分割されると思われる。それは万物を創造し、維持し、破壊する。それは闇の彼方に輝く光明のなかの光明である。すべての知識［真知］の行きつく極み［果て］である。万物の心に根づいているブラフマンは、ジュニャーナ（jñāna［知識・真知］）にして、知るに値する唯一のものである。すべて［個々の］知識は、それ［真知］との合一の目的への手段である。

「神と神のマーヤー（māyā 本性）には初まりはない。ヴィカーラ（vikāra 変化・幻影）は、マーヤーから生じ、これらはさまざまなカルマ（karma 行為・はたらき）を生起させる。マーヤーゆえに、魂《こころ》は苦楽や、幸（puṇya）・不幸（pāpa）の結果を経験する。このことを知って、無私の精神をもって己の義務《つとめ》を果たす人は、行為のいかんを問わず、ふたたび生まれ変わることはない。なぜならその人は、万人の顔に神の顔を仰ぎ見、神の御意志《みこころ》がなければ、木の葉一枚そよがぬことを知るがゆえに、自我から解き放たれているからである。彼はまた、肉体から離れていることを、そして魂は肉体にやどりつつも、遍在する虚空《エーテル》のように、なにものにも影響《うごか》されない知識によってそこにとどまっていることを知っているのだ。」

午後二時近く擱筆《かくひつ》
加筆修正加えず

(24) 耳、皮膚、目、口蓋、鼻の「知覚の五器官」と、舌、足、手、排泄および生殖の「行為の五器官」を指す。

第十四章㉕

――一九三二年一月二十五日
沈黙の日

主《かみ》は告げた――「わたしはもういちど、賢者たちを最高の完成［の境地］へと導いた至上の知識について語ろう。この知識を見出し、それによって己の義務《つとめ》を成す人びとは、死生のめぐり［輪廻］から救われる。おお、アルジュナよ、わたしを一切万物の父母《おや》なりと知れ。根本原質（プラクリティ［prakṛti］）より生じる三つのグナ（guṇa［要素］）、すなわちサットヴァ（sattva

善性［純質］）、ラジャス（rajas 激質［動性］）、タマス（tamas 暗質［魔性］）は、アートマン［個我］を束縛する。これらはそれぞれ、最高のもの、中間のもの、最低のものと表現することができる。これら［三要素］のなかで、サットヴァは清らかで穢れなく、光輝《ひかり》を発する。したがってそれは、幸福の源泉《みなもと》である。ラジャスは、執着と渇望より生じ、人間をさまざまな行為へと駈《か》り立てる。［これらにたいして］タマスは、無知と迷妄にもとづき、人を無関心や怠慢にさせる。要するに、サットヴァは幸福を生み、ラジャスは人を動きまわらせ、タマスは怠惰に至らせる。ときには、サットヴァが優勢になり、ラジャスとタマスを圧倒する。またときには、ラジャスが優勢になってサットヴァとタマスを圧倒する。さらにあるときは、タマスが優勢になって、サットヴァとラジャスを圧倒する。知恵の光明が肉体の隅々《すみずみ》にまで輝きわたるとき、サットヴァが増大していることがわかるだろう。貪欲、活動、不安定、競争心が生じるときは、ラジャスが支配的である。そしてタマスが優勢に立つと、無知、怠慢、妄想が特徴づけられる。生きているうちに、サットヴァが優勢な人は、死後、偉大な賢者たちの穢れなき世界に生まれる。ラジャスが人生を支配すれば、行動《おこない》に執着する人たちのあいだに生まれ変わる。また、タマスを支配原理として生きる人は、意識なきものの胎内にもどる。サットヴァの所行の果報は純潔である。［これにたいして］ラジャスの果報は苦であり、タマスの果報は無知である。サットヴァに依《よ》って生きる者は、より高い国［天上界］にのぼり、ラジャス的人間はこの世界［現世］にとどまる。そしてタマス的人間は地下の世界［冥府］に堕《お》ちる。人がこれら三要素以外に行為者を認めず、それぞれの要素を超えて存在するわたしを知るとき、その人はわたしの本性に入る。体内に住む者［個我］がすべての身体を生む三つの要素を超越するとき、人は生老死苦から解き放たれ、永遠の生命《いのち》の甘露を飲む。」

［このように］三要素を超越した者は、人生の旅路で大きな進歩を遂げると聞いたとき、アルジュナは問うた――「その場合の完成の証《あかし》は何でしょうか。そのように完全な存在《ひと》は、どのように振る舞うのでしょうか。またその人は、どのようにして諸要素を超えるのでしょうか」と。

主は答えた――「サットヴァの光明と知識、ラジャスの行動と活気、そしてタマスの迷妄と無知がそこにあるときも腹を立てず、またそれらがなくとも、それらを求めない、そのとき人は諸要素を超越しているといわれる。その人は諸要素には関心がなく、動揺することのない中立者のように立ち、それでいて、諸要素がすべての行為の因《もと》であることを知っている。彼は喜びをも苦痛をも同一視する――土塊《つちくれ》や石くれと黄金を同一視するように。彼には快、不快の区別はなく、称讃にも非難にも動じることはない。彼は栄誉と屈辱を同一視し、敵と味方を分かたず、一切の企《たくら》みを捨て去っている。これを達しがたい［遠くの］目標だと考えてはならない。したがってそなたは、目標に至ろうとして、力の限りを尽くす必要はない。わたしが［ここに］述べたのは、完全な人間の状態である。そこに到達する道は、ひたすらわたしに信愛を献《ささ》げることである。

「第三章よりひきつづき、カルマ（karma 行為）なしには、人は呼吸《いき》することもできないと、わたしは説いてきた。いかなる人もカルマから逃れようと望むことはできない。諸要素を超越しようとする者は、彼のすべての行為をわたしに献げ、結果を望むのをやめなければならない。これをなせば、行為の前途は妨げられることはないだろう。なぜならば、わたしはブラフマン（Brahman［梵・世界の根本原理・絶対者］）であり、モクシャ（mokṣa［解脱・輪廻からの解放］）であり、永遠のダルマ（dharma［法］）であり、終わりのない歓びだからである。

「人、己を無にするとき、彼は至るところでわたしだけを見る。彼こそはグナ・アティータ（諸グナを超越した者）である。」

(25) 本章は、一九三二年一月二十三日／二十五日付の「ナーランダース宛書簡」（『全集』四九巻三一～三三頁所収）に同封された。

第十五章(26)

——一九三二年(27)一月三十一日夜

主《かみ》は告げた——「世界は、根が上に、枝が下に、そしてヴェーダ讃歌を葉にもつアシュヴァッタ（aśvattha 聖樹［菩提樹］）のようだ。その樹を知る者はヴェーダを知る。諸要素に養われる、この宇宙の樹の枝は天空に向かい、また地に沈む。感官の対象は樹の芽である。人間界にあった魂を、カルマ［行為］の絆で結びつけるのは、これら感官の事象である。この樹の本性はこの世界では理解されない——その初めも、終わりも、基底も。

「このしっかりと根づいた宇宙の樹は、魂が〔死すべき人間の世界に〕回帰することのない高い境地に達するためには、非協力［無執着］という斧で切り倒さなければならない。これを目標と思い定めて、人間はいついかなるときも、［世界の］すべての活動の流出のもとと思われる太古の存在「プルシャ」に帰依しなければならない。慢心や迷妄をいだかず、執着という害悪に打ち勝ち、至高の魂に専念し、欲望から解き放たれ、苦楽を同一視する――このような賢者は、移り変わる一切のものを超越し、太陽にも月にも火にも照らされる必要のない境地に達する。そこがわたしの最高の住処《すみか》だ。

「この世界にあって個我となるわたし自身の永遠の部分は、物質［プラクリティ〔根本原質〕］に依存し、意［マナス〔思考器官〕］を含む諸感覚を惹き起こす。魂［個我］が肉体に入るときも、肉体を離れるときも、あたかも風がその場から芳香《かおり》を運び去るように、これらの感官を連れ去っていく。個我は聴覚、視覚、触覚、味覚、嗅覚ならびに思考器官の援《たす》けをかりて、諸々の感覚の対象を享受する。無知なる者は、諸要素の影響のもとで、それが去りゆくときも、留まるときも、あるいはそれを享受するときも、それを認識することはない。しかし、賢者は、（知恵の眼《まなこ》をもって）それを見る。また、精進努力するヨーギー［ヨーガ行者］は、それが彼ら自身の体内にやどっているのを見る。いっぽう、心の平安を得ていない者は、どんなに努めても、それを見ることはかなわぬ。

「遍《あまね》く世界を照らす太陽の光、月の輝き、火の閃光――これらすべての光輝はわたしのものであると知れ。大地に入って、(28)わたしは万物を支える。わたしは滋液《じえき》を産《う》む月となって植物を養う。すべての生類の体内で生命の火となり、生命の呼吸《いき》と結びつき、四種の食物を消化する。わたしは万物の心中に住む。記憶も英知も、それらの欠如も、みなわたしに由来する。わたしは、すべての『ヴェーダ』によって知るべき者である。わたしはまた『ヴェーダ』の作者にして、『ヴェーダ』を知る者である。

「この世界には二種類の人間〔プルシャ〕が存在すると言われている――すなわち、クシャラ（kṣara 滅びるもの、可滅者）とアクシャラ（akṣara 滅ばざるもの、不滅者）である。可滅者とは万物、すなわち被造物であり、不滅者とは永遠に変わることのないこのわたしである。しかし、これらのいずれをも超えたところに、「至高霊」と呼ばれる最高の魂がある。この霊は、一切万物に遍在し、三界を支えている。〔そして〕それはまた、わたしでもある。したがってわたしは、可滅のものをも、不滅のものをも超越している。こうしてわたしは、『ヴェーダ』においてともに、この世でも、至高の実在として知られている。わたしをこのようなもの〔至高のプルシャ〕として認識する賢者は、知るべき一切を知り、全身全霊をもってわたしに仕える。

「おお、無垢なアルジュナよ、わたしはここに最高の秘密の教説を説いた。これを知ることによって、人は真の賢人となり、救いの岸に到達できるのだ。」

(26) 本章は、一九三二年一月二十八日／二月一日付の「ナーランダース宛書簡」（『全集』四九巻五六～五八頁所収）に同封された。

(27) 原典は一九三一年になっている。

(28) 字義的には「それらの体に入って」。

第十六章(29)

――一九三二年二月七日

主《かみ》は言葉をついで言った――「わたしはいまここで、聖性と魔性の相違について話そう。わたしは先に、聖性とはなにか、その意味を詳しく述義したが、ここでもういちど、聖なるものの特性を繰り返すならば――真勇（怖れを知らぬ心）、精神《こころ》の清浄、知恵、寂静、自制、布施、犠牲、聖典（『ヴェーダ』の学習）、苦行、実直、非暴力、誠実、瞋《いか》りなき心、捨離、平静、他人を中傷せぬこと、すべての生類への憐愍《れんびん》、貪欲ならぬこと、温和、謙遜、廉《れん》直《ちょく》、活気、宥恕《ゆうじょ》、不屈の精神、心身の浄化、悪意や高慢をいだかぬこと、などなどである。

「[これらにたいして]魔性の特徴としては、偽善、尊大、自惚《うぬぼ》れ、怒り、無慈悲、無知などが挙げられよう。

「聖性は解脱をもたらし、魔性は束縛に至る。おお、アルジュナよ、[嘆かずともよろしい]そなたは聖性の資質をもって生まれついているのだ。

「[わたしは]世の人びとが容易に魔性を放棄できるよう、いま少し、この性《さが》について語ろうと思う。

「このような性をもつ者たちは、何をなすべきか、何をなさざるべきかを知らない。彼らには、清浄《きよ》さも真実《まこと》もない――したがって彼らは善行の法《のり》を守ろうとはしない。

「彼らは、この世界は拠るべき根底も法則もなく、不真実なものだと言う。彼らにとっては、官能の対象を享受するほかになにも考えずにすむよう、肉欲《セックス》がこの世のすべてである。

「彼らは怖るべき行為をしているのだ。彼らは正気を逸している。彼らは自己の邪《よこしま》な想念にしがみつく。そして、その行為のすべては世界の破滅に向かっているのだ。彼らの欲望は飽くことを知らない。そして心は、偽善と高慢と尊大にあふれている。このようにして彼らは、無数の憂患《ゆうかん》に罹《かか》っている。日ごとに彼らは、新たな肉欲の快楽を求める。彼らは『幾百の叶わぬ希望《のぞみ》の罠』にかかり、欲望を満たすために、不正な手段《てだて》で富を蓄積する。

「『私は今日これを手に入れた。そして明日はあれを獲得しよう。私は今日敵を一人殺《あや》めた。明日はまたもう一人敵を倒そう。私は支配者だ。私は巨万の財をもっている。私に並ぶ者は誰か。名声のためならば、神々に犠牲を献げるのも、布施をするのもいとわない。おおいに、楽しめばよいのだ』――

彼らは満面の笑みをうかべながらこのように言う。そして迷妄の網に捕らわれ、挙げ句の果てに奈落に堕《お》ちてゆく。

「このような性《さが》の人たちは、傲慢に耽《ふけ》り、他人を誇《そし》り、かくして、万人の心にやどる神を憎悪する。そのため、彼らは［輪廻において］しばしば堕落した親たちの胎《はら》に生まれ変わるのだ。

「そこには、魂の破滅に通じる三つの地獄門が待ち受けている――情欲と怒りと貪欲がそれらである。それゆえわたしたちは、これら三つを捨てるべきである。これら三つと訣別し、真っ直ぐな狭き道を通って、人びとは最高の境地［解脱］に至るのだ。

「永遠の教理《おしえ》から成る聖典を無視し、快楽に耽る者は、正しい道ゆえに得られる幸福にも最高の帰趨［解脱］にもあずかることはできない。

「それゆえ、何をなすべきか、何をなさざるべきかを決定するにあたって、賢人たちから根本的で不易な原理についての知識を習得し、それらについて自ら考え、かつ、それらに従って行動するのでなければならない。」

(29) 本章は、一九三二年二月三日／八日付の「ナーランダース宛書簡」(『全集』四九巻七四〜七七頁所収)に同封された。

第十七章(30)

——一九三二年二月十四日

アルジュナはたずねた——「〔心に〕信仰をいだき祭祀はおこなうが、〔教典に説かれた〕主要な行為の規定を蔑《ないがし》ろにする人たちには、どういうことが起こるのでしょうか」と。

主《かみ》は答えて言った——「〔すでに述べた〕人間の本性と同様、信仰にも三種類があり、それぞれの場合に則して、サットヴァ（sattva〔純質・善性〕）、ラジャス（rajas〔激質・動性〕）、タマス（tamas〔暗質・魔性〕）と性格づけられている。

「善性《サットヴァ》の人は神々を供養し、行動的《ラジャス》な人は半神半人や魔神を、そして無知《タマス》の人は死霊を崇拝する。

「人の信仰の本性《ほんしょう》は、簡単には見分けられるものではない。それを正しく判断するためには、その人の［日常の］食物、苦行、犠牲や布施などについて知らなければならない。

「長寿をもたらし、生命力、精力《エネルギー》、知力や健康を増進させる食物は、サットヴァ的［善性の食物］と呼ばれている。ラジャス的な食べ物は、過度に苦いもの、酸っぱいもの、辛いものや、刺激的なもので、病患や痛み、苦しみをもたらす。新鮮ならず、悪臭を放つ作りおきの食物と、他人の食い残しは、タマス的な食物と呼ばれる。

「果報を求めず、なすべき義務《つとめ》として、心を集中して献《ささ》げられる犠牲はサットゥヴァ的であり、果報を期待し、外目《はため》を慮《おもんぱか》って献げられる犠牲は、ラジャス的である。そしてタマス的犠牲とは、教典の規定に従わず、食物も布施も分与せず、讃歌も唱えられない祭祀のことである。

「純潔［清浄］、すなわちブラフマチャリヤと非暴力の善行は、肉体の苦行によってなされる。聖典の学習［読誦］とともに、真《まこと》のこもった、［聞いていて］心地よく、有益な言葉は、言語による苦行である。陽気、温和、沈黙、自己抑制、目的の純正――これらは心的な苦行と呼ばれる。静穏な心で、果報を望まぬ人たちが実践する心と身体と言葉による苦行は、サットヴァ的と呼ばれる。名誉を得ようとの虚栄のためにおこなわれる苦行は、ラジャス的と呼ばれる。自己を苦しめ、他者を傷つけるためにおこなわれる、どうしようもない愚者による苦行は、タマス的と呼ばれる。

「報酬を望まず、与えることは正しいとの思いで、『受けるに値する人に、しかるべき時と場所《ところ》でなされる』布施は、サットヴァ的と見なされる。なんらかの見返りを得ようとの下心をもって、しぶしぶおこなわれる布施は、ラジャス的である。そして、心中に侮蔑をいだき、受ける相手に払うべき敬意をいだかず、しかるべき時と場所を配慮せずになされる布施は、タマス的と呼ばれる。

「ブラフマンは『ヴェーダ』では、オーム（Om〔聖音〕）、タット（tat〔それ〕）、サット（sat〔実在・善〕）と称されている。したがって信仰深い人たちは、犠牲や布施や苦行など、なんらかの行為を始めるにさいしては、聖音『オーム』を唱える。この一語はブラフマンを表す。『タット』は英語の that〔あれ〕を意味する。また『サット』は、サティヤー（satya〔真理・実在・善〕）を意味する。言いかえると、神は一つである。神のみが存在し、神のみが真理であり、世界の祝福者である。このことの真実《まこと》を理解し、献身の精神をもって犠牲をささげ、布施をなし、苦行をおこなう人は、サットの信仰者である。たとえ人が献身の心をもって、故意に、あるいは無意識のうちに正しい手順から逸れたなんらかの行為をしたとしても非難されるべきではない。しかし、このような心をいだかずにおこなわれる行為は、信仰なき行為と言われ、したがって、『アサット』（asat［『ア』は否定語。サットでない虚偽の、悪しき行為］）と呼ばれる。」

(30) 本章は、一九三二年二月十一日／十五日付の「ナーランダース宛書簡」（『全集』四九巻九五〜九六頁所収）に同封された。

第十八章[31]

――一九三二年二月二十一日

以上の章に説かれた教説《おしえ》を熟考したあとでさえ、アルジュナの心にはなお一抹の疑念が残っていた。そこでアルジュナはたずねた――「『ギーター』の言うサンニャーサ（saṃnyāsa［放擲《ほうてき》］）は、一般に理解されている放棄とは違っているように思われますが、サンニャーサとティヤーガ（tyāga［放棄・捨離］）とは、根本的に違うのでしょうか。」と。

アルジュナの質問に答えるべく彼の疑問点を分析しながら、主《かみ》は簡潔に

『ギーター』の教義を要約して言った――「ある行為は、欲望を契機として生じる。人びとは、もろもろの欲望を満足させるために種々の行為に熱中する。これらは、カームヤ（kāmya［願望成就］）の諸行為と呼ばれている。それからつぎに、呼吸、飲食、起臥《きが》など、（奉仕の道具である）身体を維持するための必要不可欠な、自然な行為がある。そして第三に、他者に奉仕するための行為がある。愛欲を捨て去るのがサンニャーサであり、すべての行為の報酬を捨離するのが、初めから一貫して、つねにそなたに奨《すす》めてきたティヤーガである。

「ある人びとは主張する――そもそもすべての行為には、たとえどんなに小さくとも、弊害［欠陥・罪悪］がともなう、と。たとえそれが事実だとしても、人はヤジュニャ（yajña 犠牲）、すなわち他者への奉仕を捨ててはならない。布施も苦行もヤジュニャに含まれる。また、他者に奉仕しているあいだも、人は放棄の精神をもって行為すべきである。そうしないと、その人の行為は悪と見境がつかなくなるだろう。

「なされるべき義務を知らない無知ゆえの放棄は、タマスにそそのかされたもの〔魔性的捨離〕と言われる。いかなる行為であれ、肉体の苦痛をともなうという、ただそれだけの理由《こと》でやめるのは、ラジャス的〔動的〕捨離と言われる。いっぽう、行為そのものがなされるべきものであり、しかし報酬を期待してはならないとの思いから他者のためにおこなわれる奉仕の行為は、まことのサットヴァ的捨離（sāttvik tyāga）である。それゆえに、この捨離においては、一切の行為の放棄は求められていない。ただ求められるのは、なされるべき義務の報酬、ならびに、言うまでもないが、その他の欲望成就のための行為である。人（賢者）がこのような無私の精神で行動するとき、すべての疑念は霧散する。〔このとき〕彼の動機は純化され、人は個人的な快・

不快の思いをいだくことはない。

「行為の報酬を捨てない者は、自らの行為のしかるべき結果を享《う》けるか、それともそれに耐えなければならない。このようにして、彼は永久の囚われ人となる。行為の報酬を捨てる人は、自由を獲得する。

「さて、人はなぜ行為に執着しなければならないのか。人はだれしも、自分自身が、行為者だと思うのは浅はかである。すべての行為を成就するためには、五つの要因がある。すなわち、それをなす肉体、行為の主体、もろもろの器官とその活動、そして列挙の順番こそ最後になったが、忘れてはならないのが運命〔摂理〕である。

「このことに気づくとき、人は自尊心を捨てなければならない。利己心をいだかずになにごとかをなす人は、それをなしているにもかかわらず、それをなしてはいない、と言えるかもしれない。なぜならその人は、行為に束縛されていないからである。自我を無にした謙虚な［我執のない］人については、たとえ人を殺すようなことがあっても、その人は殺人を犯していないと言えるかもしれない。このことは、人は謙虚で我執がなくても殺人を犯すかもしれないし、またその行為に束縛されることはない、と言っているのではない。なぜならば、いかなる場合にも、そのような人が暴力を揮《ふる》うはずはないからである。

「人間《ひと》の行為を誘因する三つの要素がある。知識と、知識の対象、ならびに知識の主体［行為者］である。つぎに、行為を［現実に］遂行するのは、［行為する］器官、行為［行動そのもの］と、行為者の三つである。なされることは知識の対象であり、それをなす方法が知識であり、それを知っているのは知識の主体である。このようにして行為への衝動を受けたのちに、人は器官を道具に使って行為をなす。ここにおいて、思考《おもい》が行動に移される。

「人が『万物の内に唯一不変の生命《いのち》』を認め、多様な万物の底流にやどる根源的な結合《ユニティー》に気づくことができるのは、サットヴァ［善］的な知識による。ラジャス［動］的な知識においては、異なる生類のうちにそれぞれ異なる魂がやどる、と人は主張する。そしてタマス的な知識では、一つの対象すら見分けがつかず、すべての事物は意味もなく［やたら］混ざり合っていると想像する。

「同様に、行動［行為］にも三種がある。好き嫌いをせず、個人的な利得を望まぬ行為は、サットヴァ的である。快楽への欲望や、我執や、落ち着きのない［あわただしい］行為はラジャス的である。そしてタマス的行為とは、個人の能力《ちから》や、行為にともなう傷害や暴力のことをいっさい考慮せず、迷妄によって企てられたものである。

「つぎに、行為者にも三通りがある。言うまでもなく、人の行為をよくよく観察すれば、行為者を知ることはむずかしくはない。サットヴァ的な行為者とは、執着や利己心を離れ、確固として進取の気性に富み、成功を奢《おご》らず、失敗にも臆することのない人である。ラジャス的な行為者は、激情的で貪欲、暴力的にして『喜怒哀楽に身をまかせ』、行為の報酬を得ようとの野心が強いことは言うまでもない。タマス的な行為者は、その行動に脈絡がなく、仕事がのろく、頑迷で悪意に満ち、怠惰である。ひとことで言えば、自己鍛錬のできていない人である。

「知性、堅持［堅忍］、幸福にも、それぞれ三つの区別があると言われる。

「サットヴァ的知性では、おそらく、行動と非行動［無為］を明確に識別できよう――

なされるべきことと　なされてはならないこと、

恐るべきことと　恐れてはならないこと、
魂《こころ》を束縛するものと　解放するものとを。

ラジャス的知性は、これらのものを区別しようと試みはするが、概して正確にそうすることはできない。これにたいして、タマス的知性では、『不正を正とみなし、すべてのものを真実と顛倒《てんとう》して見てしまう。』
「堅持とは、ある物事ととりくみ、なにがあろうと、それをしかと持続する力のことである。この力は、大なり小なり、万物のうちに内在する。そうでなければ、世界は一瞬たりとも存続できないだろう。心〔意〕と、呼吸(prāṇa〔息、生命の源〕)と、感官の活動とのあいだに、つねに均衡《バランス》がとれているときの堅持は、サットヴァ的である。人が愛欲と個人的な利得のために、義務と享楽と富をしっかりと固持するときの堅持は、ラジャス的である。さらに、つぎのように伝えうる堅持はタマス的である――

愚者が
怠惰や悲嘆や恐怖を捨てきれず、
虚栄心や失望感にしがみつくとき生じる堅持は。

［つぎは、三種の幸福についてである――］

サットヴァ的幸福とは――
永久に苦痛を消滅する
耐えぬいたのちの喜び――それは

初めのうちは　魂にとって毒のように苦いが、
あとになると、甘露《アムリット》の味のように甘い。

それは、まことの自我《アートマン》の認識より生じる。

ラジャス的幸福とは、甘美な感官の喜びから生じるもので、

アムリット［甘露］は　最初の一口にこそ甘いが、
終わりは毒のように苦いのと同じである。

そしてタマス的幸福とは

怠惰や眠気や愚かさから
生じるものである。

――エドウィン・アーノルド

「これら三つの分類は、それぞれ万物にも適用できる。四つのヴァルナの行為は、それぞれの本性［プラクリティ］にもとづく要素［グナ］の優劣によって配分されている。
「バラモンの行為は、寂滅、自制、苦行、清浄、寛恕《かんじょ》、高潔、知恵、経験［実践知］と、神々への信仰によって特徴づけられている。クシャトリアの特性は、剛勇、威光、沈着、臨機応変、戦場から退かぬこと［不退転］、気っぷのよさ［布施など］と、指導力である。ヴァイシャの役割は、『土地を耕し、家畜を飼い、商業にいそしむこと』であり、そして「これら他の種姓《ヴァルナ》に」仕えるのがシュードラの役割である。このことは、こうした階層のいずれか一つの成員が、他の階層に特有な特性［要素］を授かっていないということではなく、またそれらを修練して身につける資格がない、などということではない。そうではなく、ここに述べた「ヴァルナの」特性と役割は、人のヴァルナを認知するしるしとして役立つ。各ヴァルナの本性と役割がよくわかると、相互間の望ましからぬ諍《いさか》いや憎悪の感情は消滅する。ここには「身分の」高い、低いは存在しない。「それぞれのヴァルナに属する」それぞれの人が、自らの役割に従って私心なく義務を果たすならば、「世界は」完成に至るであろう。自らに与えられた義務は、退屈なものに思えても、楽《らく》そうに見える他者の義務にまさる。人は生まれながら自己に課せられた仕事を遂行するとき、彼は「すでに」利己的な欲望から離脱しているのだから、罪から解き放たれている。人が［自分の本来果たすべき義務以外の］なにか他のことをやりたいという願望こそ、利己心から生じる。［自分の本務以外の］他の行為について言うならば、すべての行為は［その人にとっては］欠陥に覆われているのだ――あたかも、火が煙につつまれているように。しかし、本来の義務行為は、報酬を求めずに成されるがゆえに、束縛から解放されている。

「自らの義務を遂行することによって自己を浄化し、心を抑制し、五官の対象を追い求めず、好悪［愛憎］を克服し、人里離れて独居する行者、言いかえれば、目を内に向け、心と肉体と言葉を禁欲によって制御し、つねに生ける神の存在を意識し、驕《おご》り、欲望、怒り、所有欲等々を放棄する――そのような寂静に到達した行者は、ブラフマン［最高の境地＝梵］と一体化するに値する。その人は、万人にたいして平等心をいだく。また、けっして有頂天になって喜ぶことはなく、悲嘆にくれることもない。このような信仰者は、神についての真知を有し、かれに専念する。こうして人は、わたしに庇護を求め、永遠の平安を得るのだ。

「それなればこそ、そなたのすべてをわたしに献げ、わたしをそなたの愛の究極の到達点とみなし、識別力をもって、そなたの心をわたしに向けよ。そうすれば、そなたはいっさいの困難を乗り越えるであろう。しかし、我執ゆえにわたしの教えに耳を傾けないならば、そなたは滅びるだろう。ここで一つなさねばならないのは、そなたはいっさいの戦意を捨てて、わたしに庇護を求め、わたしのもとに来なければならぬ、ということである。そうすれば、罪から逃れられるだろう。

「信仰心をいだかぬ者、人生に厳しくなりえぬ者「功徳をつまぬ者」、わたしを憎み、わたしの教えを聞こうと願わぬ者には、なんぴとたりとも、この真理を語ってはならない。しかし、この大いなる秘密をわたしの信者たちに伝える者は、かならずやその信仰の功徳によってわたしのもとに来たるであろう。」

このように、アルジュナとクリシュナの対話を、ドリタラーシュトラに報告し終えて、サンジャヤは最終《おわり》に言った――

「ヨーガの主であるクリシュナのいるところ、弓矢をとるアルジュナのいるところ、そこに繁栄あり、勝利あり、吉祥あり、根本的な道義《みち》がある」と。

（追記）クリシュナはここで、「ヨーガの王子」という別称をささげられているが、その意味するところは、精神的な経験［ヨーガの修行］にもとづく純粋知を有する人を指す。またアルジュナを「弓矢の名手」と呼ぶとき、それは［クリシュナの説く］知識に従って行為するところでは、行為者は高邁な道義に背《そむ》くことなく、すべての願望《ねがい》を手に入れる、という意味である。

グジャラート語のマイクロフィルム（M.M.U.〔mobile microfilm unit〕/I&II）から。

(31) 本章は、一九三二年二月十九日／二十一日付の「ナーランダース宛書簡」（『全集』四九巻一五〇〜一五一頁所収）に同封された。

あとがきに代えて

森本素世子

晩年、父は、あと二つ仕事を終えたいと心から願っておりました。一つは、タゴールの『アンソロジー』、もう一つは、ガンディーの『ギーター』の翻訳でした。

このことにつきましては、みすず書房「読書アンケート特集」（月刊『みすず』二〇一五年一・二月合併号）に、自らを鼓舞するかのように、次のように記しております。

（みすず書房のご好意により、ここに転載させていただきます）

近頃は視力（頭脳は申すまでもなく）がすっかり衰え、以前のように読みたい本をつぎつぎ繙《ひもと》くことができなくなりました。したがって、読書はもっぱら仕事が中心です。今年は、年来続けてまいりました『タゴール・アンソロジー』（岩波書店）のためにタゴール書をいろいろ再読。ついでガンディーの『バガヴァッド・ギーター書簡集』（第三文明社）にとりかかり、『ギーター』関係書をあれこれ渉猟《しょうりょう》しています。このガンディーの『ギーター書簡集』執筆の動機がおもしろい。一九三〇年、ガンディーは生涯でもっとも壮絶な反英闘争「塩の行進」を指導後、彼が「皇帝陛下のホテル（無料の食事付き宿泊施設）」と呼んでいたボンベイ（ムンバイ）に隣接するヤラヴァダー中央刑務所に投獄された。獄中からはいっさい政治活動はおこなわない、との彼一流の騎士道精神に従って、ガンディーは毎週一回定期的に修道場《アーシュラム》の弟子たちに、真理・非暴力・ブラフマチャリア（禁欲・浄行）など、十六回にわたってアーシュラムの信条について講話を送った（拙訳『獄中からの手紙』岩波書店）。ところが一連の講話を書き終えた後も、まだなかなか出所の可能性がないことを知ると、こんどはひろくヒンドゥー教徒の信奉する聖典『バガヴァッド・ギーター』について、新たに書簡シリーズを始めた。これは『ギーター』そのものの翻訳ではなく、ガンディーが愛誦してやまなかったギーター信仰の精髄の書である。

結局、このアンケートが、長きにわたり父の年末恒例行事でもあった「読書アンケート」への最後の執筆となりましたが、今あらためてここに書き写しながら、この文章の短さが、胸に迫る思いがいたします。

新刊・旧刊を問わず、前年に出会った印象に残る書籍を五冊まで紹介するという、みすずの「読書アンケート」に、父は毎年、ほとんど五冊、実に丁寧に、字数の制限を気にすることもなく、衷心から、それらの素晴らしさを書き綴っておりました。読書案内にせよ、書評にせよ、書物を紹介するかぎりは、読者がそれらを読みたいと思うように書く、というのが父の守りつづけたことの一つでした。父は、年内の締切りぎりぎりまで（あるいは、除夜の鐘を聞きながら）、一年を振り返り、楽しげにペンを走らせていたものです。その姿は、父が好きだったエミール・ヴェルハーランの「讃嘆すること　それは成長することである」という言葉を思い出させるものでした。

そしてそれらは新年早々、かつては、速達で、それからFAXで、そして、最後は（私が打つ）メール添付で、と形を変えながらも、決まって新年の初仕事となっておりました。

それゆえ、この最後の「読書アンケート」の短さは、体力の衰えを感じておりました父の、渾身の力をふりしぼっての決意表明であったように思います。

その言葉どおり、二〇一五年五月には、タゴールの『アンソロジー』（岩波書店の「原典でよむ」のシリーズで『原典でよむ　タゴール』）が上梓されました。

この書は、ある意味で、父が若き日より親しんでまいりましたタゴールへの生涯の思いをこめた集大成《オマージュ》であり、詩と思想を凝縮してまとめたいとの思いから編んだものでした。

一九八一年に第三文明社から第一巻が刊行されました『タゴール著作集』は、十年のときを経て完成されましたが、これは、第三文明社編集部の方が父のもとに来られ、タゴールの詩と思想を一巻にまとめてもらえまいかとのお話をいただいたことから始まったものでした。しかしながら、多くの才をもつタゴールを一巻に、というお話に、のちのち父は途方にくれたと語っておりました。が、幸運なことに、そこから著作集の企画が始まり、山室静、野間宏、我妻和男のお三方を編集委員にお迎えし、また多くの方々のご協力のもとに、あの『著作集』が生まれたのです。

しかし、半世紀以上もの間、タゴールの詩や思想を読みつづけてまいりました父には、心のどこかで、遠い昔にお話をいただきましたタゴールの詩と思想を「アンソロジー」として一巻にまとめ、編んでおきたいという思いが、とくに晩年になって強くなっていったように思います。この『アンソロジー』では、詩人タゴールの詩作品はもちろん（と申しましても、父が人生のそのときどきの心を映すように読み親しんだ数々の詩のなかから、どの詩《うた》を抜粋するかについてはずいぶん悩んでおりました）、彼の思想――タゴールのメッセージの本領に焦点を当て、それらを、講演やエッセイ、あるいは、世界の知識人たちとの対話や書簡をとおして、現代社会に生きる私たちに贈りたいと考えていたようです。

こうして『著作集』の原点に戻って、タゴールを一巻にまとめた父は、もう一つの仕事、ガンディーの『ギーター講話』の仕上げにとりかかりました。
しかしながら、この仕事の最後は、すっかり体力がなくなり、自宅のベッドで点滴を受けながらの作業を余儀なくされました。それでもなお、ベッドに取り付けたテーブルの上で、父は最後までこつこつと校正作業をしておりました。そして、再校原稿の表紙に、弱い筆跡で「完」と書き残して旅立ちました。が、本書には、本来ならば父がいつもかなりの時を要して書き上げる註釈と、もちろん「あとがき」が入っておりません。

父の遺しました元原稿を見てみますと、その余白には、かなりの註を付けるつもりであったことが見てとれます。父はいつも本文中の語彙の説明だけでなく、読者がそこからインド世界を、ときにはインドを超えてさまざまなことがらに関心を抱けるように、ときには自らの経験やエピソードを挟みながら、註釈を描出しておりました。『バガヴァッド・ギーター』（以下、

『ギーター』）がその一部である『マハーバーラタ』やその登場人物についても、細かくノートを作りはじめておりましたし、そこではおそらく、半世紀以上も前に住んだ、今とは異なるインドの、小さな野外劇などで演じられた『マハーバーラタ』の挿話などについても活き活きと《ヴィヴィッドに》語ってくれたと思います。しかし、これはとうとう完成を見ることはありませんでした。

今回、インドの人びとにとって、『ギーター』とはいかなるものなのか、ガンディーにとって『ギーター』とはどのようなものであったのかを含め、この「あとがきに代えて」を書くようにとお勧めいただきましたとき、『ギーター』につきましては、すでに、中村元先生をはじめ、辻直四郎先生、服部正明先生、鎧淳先生、上村勝彦先生、また近年では赤松明彦先生等の碩学による御訳書や御著書が出版されておりますし、ましてや近・現代インドやガンディー研究の学徒でもない私には、少々荷が重いお勧めでした。

しかし、父の書斎の机上には、父がこの書のために読んでおりました書物が、開かれたままで残されており、その横にはクリップ留めした多くの紙切れに細かい文字でメモが書かれておりました――この紙切れにつきましては、父がガンディーの高弟のお一人、カーカー・カーレルカル氏にお目にかかりました折に、ご高齢を慮《おもんぱか》って、紙に大きな字を書いて質問をしましたところ、カーレルカル氏は拡大鏡を取り出して、「そのように大きく書く必要はありません。地球の資源は大切にしましょう」と言われ、父は赤面する思いであったと、よく話しておりました。

さて、父は、これらの書物とメモ書きからガンディーと『ギーター』についてどのように記すつもりだったのだろう、と思いをめぐらせながら、それらに目を通しましたが、幸い、本書に収められているガンディーの書簡がどのような経緯で書かれたものか、『ギーター』および『ギーター』がその一部である『マハーバーラタ』とはいかなるものかにつきましては、本書の「表題註」と「第一章の註(3)」(この二つは、父が付けていたものです)が簡潔ではありますが大方を網羅しておりますし、『マハーバーラタ』と『ギーター』に関しましては、上村勝彦『バガヴァッド・ギーター』(岩波文庫)の解説に、『ギーター』の西洋世界への影響をも含め、詳述されておりますので、ここでは、ごく簡単に『マハーバーラタ』および、ガンディーと『ギーター』の出会いについて(これは、『自叙伝』にも記されている、有名なエピソードですが)、まとめておきたいと思います。

『マハーバーラタ』は、『ラーマーヤナ』とならぶ、古代インドの二大叙事詩の一つで、世界に類を見ない膨大な詩節(約九万詩節)でうたわれた国民的叙事詩です。「バラタ族の戦争を物語る大史詩」という意味をもつ同書は、十八巻からなり、紀元前十世紀頃、北インド(現在のデリー近郊)のクルクシェートラで実際に起こった、同族間（クル家の百王子とパーンドゥ家の五王子）の骨肉相食む戦いが主題となっています。それが吟遊詩人によって歌いつがれていくうちに、古代インドの「百科事典」と称されるほど多くの要素——宗教、神話、伝説、社会制度など——や挿話を増補しながら、四世紀から五世紀頃に現代の形になったと言われています。

主題となった、従兄弟どうしの権力争いと確執により引き起こされた戦いそのものは、たった十八日間であり、『マハーバーラタ』全編の五分の一に過ぎず、そこに『バガヴァッド・ギーター』をはじめ、『ナラ王物語』や『サーヴィトリー物語』、日本の『今昔物語』にも収められ、歌舞伎の演目ともなっている『一角仙人』など、それぞれ後世に大きな影響を及ぼした挿話が多く収められています。

インドにおいて『マハーバーラタ』が今日もどれだけ人びとに愛されてい

るかにつきましては、この物語が、一九八八年から九〇年にかけて、インド全土でテレビ放送されたとき、その視聴率が九〇パーセントを記録したというのですから、かれこれ三十年も前のこととはいえ、その人気は推して知るべしだと言えましょう。それだけではなく、物語は、後の多くの作家によってインドの各言語で翻訳・抄訳されておりますし、児童書でも、いくどとなく易しく書き換えられて今日に至っています。

ついでながら、昨年（二〇一七年）には、日印友好交流年記念として、歌舞伎による新作歌舞伎『マハーバーラタ戦記』が上演され、好評を博したと聞いております。

さて、こうして成立しました『マハーバーラタ』の第六巻の一部をなしている挿話が『バガヴァッド・ギーター』（神の歌）です。これは、宗教的・哲学的な色彩をもつ、ヒンドゥー教の最も重要な聖典の一つだと言われており、ヒンドゥー教徒にとって、「ギーター」といえば、『バガヴァッド・ギーター』を思い浮かべるとさえ言われています。

この挿話は、件《くだん》の同族間戦争の決戦に臨んで、敵陣に多くの親しい親類縁者の顔を見たパーンドゥ家の第三王子――弓矢をとれば比類なき勇者アルジュナが戦意を失い、「肉親と戦おうとは思わない」と、悲嘆にくれながら、戦車の台座に坐りこむところから佳境に入ってゆきます。そうした悩めるアルジュナの姿を前に、彼の御者なるクリシュナ（ヴィシュヌ神の化身）が、自己実現（悟り）を達成する方法《みち》を説いてゆく『ギーター』は、クリシュナの口をとおして、「人間何をなすべきかという万人に共通の切実な人生問題に端を発し、道徳問題からさらに議論の中心を信仰・解脱といった宗教問題に導きながら、神ヴィシュヌが、解脱に至る三つのヨーガを説く」（森本達雄『ヒンドゥー教――インドの聖と俗』中公新書）、私たち人間の生き方の道案内《ガイド》の書なのです。

次に、ガンディーと『ギーター』の出会いですが、これにつきましては、彼の『自叙伝』をはじめ、多くのガンディー研究によって明らかにされております。

ガンディーは、一八八八年、弁護士資格をとるためにイギリスに留学します。そしてロンドンで法学生生活を送るなかで、神智主義者であった二人の兄弟とめぐりあいます。ガンディーが留学して二年ばかり経ったころのことです。その兄弟は、サー・エドウィン・アーノルドの英語訳『天上の歌』で『ギーター』を読んでおり、ガンディーにサンスクリット語の原典で、ともに『ギーター』を読もうと誘います。その時のことを、ガンディーはこのように書いています——「わたしは恥じ入りました。なぜなら、この天与の詩《うた》をサンスクリット語でもグジャラート語でも読んだことがなかったからです」と。そして彼らにそのことを正直に告げ、ともに『ギーター』を読みはじめました。今、私の手元には一九五七年刊のペーパーバック、アーノルド訳“*The Song Celestial*”（ジャイコ出版）がありますが、この小さな書が、ガンディーの生涯の行動と信仰の確たる「道案内」となったことを思いますと、不思議な感動をおぼえます。

さて、アーノルドの『ギーター』を読みはじめたガンディーが、後になっても、その響きが耳に残っていると語った一節があります――

If one
Ponders on objects of the sense, there springs
Attraction; from attraction grows desire,
Desire flames to fierce passion, passion breeds

Recklessness; then the memory—all betrayed—
Lets noble purpose go, and saps the mind,
Till purpose, mind, and man are all undone

人間の執着は欲望を生み、それが激しい熱情となり、無分別を生じさせる。そしてついに、人は自らを滅ぼすというこの一節は、ガンディーが、『ギーター』を通して理解した自己実現のための「無私の行為」を端的に語るものであり、この一節が彼の心の琴線に触れたのは、彼の生涯にとっては必然であったと言えましょう。彼にとって、この書は「測りしれぬ価値をもち、その感銘は、日を追うにしたがって大きなものとなっ」ていきます。

この時期、ガンディーは、この兄弟や菜食主義者の下宿屋で知り合った善良なキリスト教の友人をとおして、アーノルドのもう一冊の著書である『アジアの光』（仏陀の生涯を綴った物語）や『聖書』、なかでも『新約聖書』の「山上の垂訓《すいくん》」を読み、それらから大きな影響を受けたといいます。「こころの貧しい人びとは幸いである」に始まる「山上の垂訓」には、キリスト教のあの有名な一節「もし、だれかがあなたの右の頰を打つなら、ほかの頰をも向けてやりなさい。あなたを訴えて、下着を取ろうとする者には、上着をも与えなさい」という言葉が書かれています。

この言葉は、『ガンディー伝』の著者B・R・ナンダによれば、ガンディーが子供のころによく唄った、グジャラート語の詩人シャムラール・バットの詩句を思い出させたといいます――

一椀《いちわん》の水が欲しければ、おいしい食事を与えなさい、
やさしい挨拶のおじぎが欲しければ、熱意をこめて跪《ひざまず》きなさい、

一枚の銅貨には　金貨をもって返しなさい、
おまえの生命を救いたければ、生命を惜しんではならない、
ここに賢者の言葉と行ないは成り立つ、
小さな献身のたびごとに　彼は十倍の報酬《むくい》を受ける、
しかし　ほんとうに心の気高い人は　人みなが一《ひと》つであることを知っている、
そして　悪をこうむろうとも　よろこんで善をもって返礼する。
（B・R・ナンダ『ガンディー――インド独立への道』森本達雄訳、第三文明社）

こうして、ガンディーはイギリスという異国にあって、自宗ヒンドゥー教の聖典のみならず、仏教やキリスト教の神髄にも触れ、「『聖書』とブッダとバットの教えは、彼の心のなかで融け合っていった。憎しみにたいして愛を、悪意にたいして善意をもって応えるという思想は、ガンディーをすっかり夢

中にさせた。彼はまだ完全にはその内容を理解してはいなかったが、その思想は、感受性豊かな青年の心のなかで発酵しつづけた。ガンディーがイギリスを去るまでには、一時の若げのいたりで踏み迷っていた『無神論というサハラ砂漠』を渡りきっていたのである」(B・R・ナンダ、前掲書)。

こうしてガンディーは『ギーター』に出会いましたが、この書が彼の日々の愛読書になるのは、その後、彼が南アフリカでの闘争を始めてからのことになります。南アフリカでは、他にも彼に大きな影響を及ぼした、トルストイの『神の国は汝のうちにあり』、ラスキンの『この最後の者にも』やソローの『市民としての反抗』などを熟読し、自らの運動の行動原理として採り入れていきました。

『自叙伝』によれば、ガンディーは毎朝、沐浴《もくよく》の際に『ギーター』の詩句を一つ二つ暗記することに決め、十三章まで覚えたといいます。また、彼にとって『ギーター』は、英単語の意味がわからなければ辞書を引くがごとく、自らの直面するさまざまな問題やすべての試みを即座に解決するために繙く書でした。それは、彼が幾たびも収監された刑務所でも同じでした。R・K・プラブー編『これがバプーだった』のなかで、一九三〇年、ガンディーとともにヤラヴァダー中央刑務所に収監されていましたアッチャルヤ・カーカー・カーレルカルは、彼らの日課を次のように記しています――

私たちは、早朝、まだ星々が燦然と輝いている四時には起きていました。四時二十分頃までには、朝の祈りが始まり、その後に『ギーター』の朗唱がなされました。それが終わると、私は朝の散歩に出かけました。ガンディージーは三十分ばかりものを読んだり書いたりしてから、私と合流したものです。『ギーター』や、アーシュラムの理想のかたち、食べ物の問題、紡ぎ車、私の素行などなどが、散歩のあいだの話題でした。

　このように、つねに身近にあって、ガンディーの行動の指針となった『ギーター』は、彼にとって、まさに「母」のような存在であったと言います。彼はあるスピーチで次のように述べています——「今日《こんにち》、『ギーター』は、わたしの『聖書』、わたしの『コーラン』であるというだけではなく、それ以上のもの、それは、わたしの『母』なのです。わたしは、ずっと昔にわたしに生を与えてくれた、この世界での母を亡くしました。が、この永遠なる『母』はそれ以来ずっとわたしのそばにいて、母に代わってわたしを充たしてくれました。彼女はけっして変わることなく、また、わたしを見捨てることもありません。困難や苦悩に直面するとき、わたしは彼女の胸に救いの場を求めます」。

　ガンディーは、また、このようにも書いています——「告白せねばなりませんが、幾多の疑念にとらわれるとき、失望の淵に沈むとき、あるいは、地平線に一条の光をも見いだせないとき、わたしは『バガヴァッド・ギーター』を繙き、「そのなかの」一篇の詩がわたしを慰めてくれることを見いだすのです。そしてわたしは、抗しがたい悲しみの真っ只中にあって、笑みを浮かべはじめます。わたしの人生には、多くの目に見える悲劇がありました。しかしそれらが、わたしに、はっきりとそれと分かる、ぬぐい去れない影響《あと》を残していないとすれば、それは、『バガヴァッド・ギーター』の教えのおかげなのです」(「ヤングインディア」紙)

『ギーター』を「母」と呼び、行動の「道案内」としたガンディーにとって、『ギーター』が語られるクルクシェートラの戦場は、本書第一章で述べられているように、「アルジュナとクリシュナの対話の場を提供するだけである。

[しかし]ほんとうのクルクシェートラは人間の心の内にこそある。……日

ごと、なんらかの戦闘《たたかい》が、この戦場で戦われているのである」という言葉が端的に表しています。そして、この戦場、すなわち私たちの心の中に芽生える自己への愛執と他者にたいする嫌悪や憎悪に打ち克つ術《すべ》を『ギーター』は説いてくれると語っています。

ガンディーの孫であり、イリノイ大学で教壇に立っていたラージモーハン・ガンディーは、大著『モーハンダース』のなかで、『ギーター』にたいするガンディーの議論の心髄を次のように述べています――「『ギーター』の舞台となる戦場は、寓意的《アレゴリカル》なものであって、歴史的なものではない。クリシュナとアルジュナが乗る二輪戦車《シャリオット》は、これもまた現実のものではない。人間の身体がほんとうの戦車であり、アルジュナは人間の心を、クリシュナはそこに内在する『道案内』なのだ」と。

同じく、B・R・ナンダも「ガンディーは初めから、叙事詩は歴史的な物語ではなく、寓意的な作品であると考えていた」と記しています。曰く、「『ギーター』の真の目的は――ガンディーが理解していたとおり――自己実現［悟り］の目標を指し示すことであり、結果を惧《おそ》れず、報酬《むくい》を求めぬ『無私の行為』こそが目的を達成する方法《みち》であることを教えるものである。ガンディーは、『進め、そして従兄弟《いとこ》たちを迎え撃て』というクリシュナ神の、戦士アルジュナへの勧告を、詩的表現のままには受けとっていなかった。すなわち、クルクシェートラの戦場は、すべての人間の心中に荒れ狂う善と悪との葛藤の象徴にすぎず、ドゥルヨーダナ［パーンダヴァ軍と対立するカウラヴァ軍の百王子の長兄］と彼の軍隊は、人間の卑俗さの衝動を、［これに対して］アルジュナと彼の軍隊は人間の高貴さの衝動を、そしてクリシュナは『人間の内面《うち》にやどるもの』の象徴と理解された。『マハーバーラタ』の物語をそのまま字句どおりに理解すべしと主張する人たちに向かって、ガンディーは説いた――たとえ物語が額面どおりに受けとられるとしても、『マハーバーラタ』の作者は暴力の無益さをこのうえもなく明白な方法で論述したのである、すなわち戦争というものは、勝利者たちを敗北者たちと変わることのない、共通の荒廃の結果へとみちびくものである、と」(B・R・ナンダ、前掲書)

ナンダは、ここで、ガンディーにとって『ギーター』がどのような意味をもっていたのかのみならず、ガンディーが信念とした「非暴力」＝「暴力の無益さ」についても言及しています。

さて、本書の表題註にありますように、本書はアーシュラム(修道場)の祈禱《きとう》集会で読みあげられるように送られた一連の書簡からなるものです。面白いのは、ガンディーの『ギーター』のグジャラート語訳が難解にすぎるという、アーシュラムの同志《メンバー》の一人の苦情が、刑務所に収監されていたガンディーにこの書簡を書かせたことです。先にも述べましたように、ガンディーは、『ギーター』を自らの「母」と呼び、それはまた、万人の「母」であり、誰にも背を向けることなく、その扉は、ノックする人にはいつも広く開け放たれていると述べていますが、アーシュラムの人びとにとっては、おそらくガンディー自身が「母」であったのかもしれません。それゆえ、どこにあっても（たとえ、それが収監中であったとしても）彼らは、母から優しく教えを乞うことを願い、ガンディーもそれに応えて、難解だと訴える子供たちに、よりわかりやすく、彼の『ギーター』を伝えていったのです。

今回、この小文を書くにあたって、じっくりと『ギーター』を読む機会を得ましたことは、私にとって大きな僥倖《ぎょうこう》となりました。と、ともに、ガンディーがアーシュラムの人びとに語ったように「万人の母」の言葉が、私たちの心に届けば、この世界は、どれほど穏やかで平和なものになるか、あらためて考えさせられるものでした。

本書を完成させるにあたり、先にも述べましたように、父は、多くの註を付けるつもりであったようです。残念なことに、今となっては、どのような註であったのかは知る由もなくなってしまいましたが、おそらくそれらは、たんに言葉に関する説明註だけではなく、父がインドで感じたことや体験したこと、あるいは、ガンディー自身の近くにいた人びと、ガンディーを見たことがあった人びととの会話を通して知り得たこと、また、ロマン・ロランなど西洋の知識人たちのガンディー理解など、父が生涯魅せられた父なりのガンディー像を浮彫りにするものになっていたと思います。それゆえ、本書の註は、原註以外は、実際、父が書きました三つの註だけを所収していただくことにいたしました。それが、父の仕事を傍で見てまいりました私のできることだと考えたからであり、同時に、父の最後の仕事を壊すことを惧れたからでもありました。

父にとって、ガンディーとはどういう存在であったのか、(父に叱られるかもしれませんが)ここに小さなエピソードを最後に記したいと思います。いつのことでしたか、父がまだ若かったときかもしれません。ある夜、夢の中で、父は、一人の老人が重そうにリヤカーを引きながら石ころだらけの険しい山道を、一歩一歩、力を振り絞りながら登っていくのに出くわしたそうです。そこで、「おじいさん、後ろから押しましょうね」と言って、一所懸命リヤカーを押しながら、二人で黙々と山道を登っていきました。頂上に着いたとき、「ありがとう」と振り返った老人の笑顔の顔が、まさにガンディーその人だったそうです。目が覚めたとき、父は、えもいわれぬ幸福感で充たされていたと申します。そして、ガンディーの仕事を「天与」のものと考えたのだそうです。
父の書斎は、まだ仕事をしていたときのままです。『ギーター』やガンディーに関する書籍が何冊もページを開いたまま、そして眼鏡もちょうど先ほど外したばかりの姿で置かれています。これらの本は、今しばらくそのままにしておこうと思います。そうすれば、『ギーター』に関して何か知りたいときには、本のほうから「ここを読んで」と教えてくれそうです。

末段になりましたが、お約束してからずいぶん年月が経ち、最後は、父が逝ってしまってからになりましたが、忍耐強くお待ちいただき、多大のご協力をいただきました、第三文明社の皆様に、心からお礼を申し上げます。

二〇一八年八月十六日

〈著者略歴〉

M. K. ガンディー

1869 ～ 1948。インドの思想家、政治家。マハートマ（偉大なる魂）の名で知られる「インド独立の父」。本名、モーハンダース・カラムチャンド・ガンディー。イギリスに留学し、弁護士資格を取得。南アフリカで弁護士活動をおこなうとともに、人種差別の撤廃運動に参加。インド帰国後は、非暴力・不服従運動、抗議のための行進、断食などを通じて、独立運動を指導した。

〈訳者略歴〉

森本達雄（もりもと・たつお）

1928 ～ 2016。和歌山市生まれ。同志社大学神学部卒業。インド国立ヴィシュヴァ・バーラティ大学（通称タゴール国際大学）准教授を経て、帰国後、名城大学教授等を歴任。名城大学名誉教授。現代インド思想・文学専攻。著書に『ガンディー』（講談社）、『インド独立史』『ヒンドゥー教――インドの聖と俗』（以上、中公新書）、『ガンディーとタゴール』（第三文明社）など。訳書にガンディー『獄中からの手紙』（岩波文庫）、『原典でよむ タゴール』（岩波書店）、ネルー『忘れえぬ手紙より』（みすず書房）、ガンディー『わが非暴力の闘い』、K・クリパラーニ『タゴールの生涯』、『タゴール著作集』（以上、第三文明社）など、多数。

〈補訂者略歴〉

森本素世子（もりもと・そよこ）

東海学園大学心理学部教授。津田塾大学学芸学部卒業。ミシガン大学大学院修士課程修了。インドの英語文学専攻。訳書にR. K. ナラヤン『ガイド』（日本アジア文学協会）、サタジット・レイ『わが映画インドに始まる――世界シネマへの旅』、「ベンガル瞥見」〔『タゴール著作集』所収〕（以上、第三文明社）など。

『ギーター』書簡《しょかん》　**第三文明選書13**

2018年11月1日　初版第1刷発行

著　者　M.K. ガンディー
訳　者　森本達雄《もりもとたつお》
補訂者　森本素世子
発行者　大島光明
発行所　株式会社　第三文明社

東京都新宿区新宿1-23-5　郵便番号　160-0022
電話番号　03(5269)7144　（営業代表）
03(5269)7145　（注文専用ダイヤル）
03(5269)7154　（編集代表）
URL　http://www.daisanbunmei.co.jp/
振替口座　00150-3-117823

印刷・製本　中央精版印刷株式会社

ISBN 978-4-476-18013-8